Inhalt

Vorwort 2000

Krise bedeutet Wendepunkt. Das Wort weist auf den Umgang der Menschen mit schwierigen Entwicklungen hin. Keiner will solche erleben, obwohl Krisen dem Leben eine neue Richtung und damit einen neuen Sinn geben.

Andersherum: Um eine neue Richtung einschlagen zu können, muss in den meisten Fällen zuerst die alte Richtung verbaut werden.

Daher gibt es genügend Gründe, neugierig beispielsweise mit unerwarteten Entwicklungen, unbequemen Ereignissen, rätselhaften Träumen, auftauchender Vergangenheit, verlockender Zukunft und menschlichen Beziehungen umzugehen. Etwa in der Art der Selbsterforschung, wie wir es in diesem Buch vorschlagen. Diese Selbsterforschung mag dem einem leicht fallen, ein anderer mag sie schwieriger finden. Wer sich darin übt, wird davon profitieren.

Gibt es einen Trend zu mehr Selbstverantwortung in Therapie und Selbsterfahrung? Wir glauben ja, denn nachdem unzählige Menschen in den letzten 20 Jahren zahlreiche Seminare und Therapiegruppen besucht haben, sind sie nun in der Lage, auch unabhängig von Spezialisten mit sich selbst zu arbeiten.

Henny Nordholt und Michael Mary, im Herbst 2000

Bücher von Michael Mary im Nordholt–Verlag

Der kleine Paarberater

Hinweise zu 60 Themen aus dem Beziehungsalltag und einige bewährte Übungen.

Nordholt–Verlag, 2008
ISBN 978–3–926967–11–4

Anleitung zur Selbstliebe

Ein Arbeitsbuch zur Bewältigung der Vergangenheit und Stärkung einer liebevollen Beziehung zu sich selbst.

Nordholt–Verlag, 2008

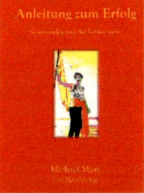

Anleitung zum Erfolg

Ein Arbeitsbuch zur Zukunftsgestaltung.

Nordholt–Verlag, 2008

Selbsterforschung

Ein Arbeitsbuch mit 58 Übungen zu den verschiedensten Lebensbereichen.

Nordholt–Verlag, 2000

Begegnungen mit dem Inneren Kind

Welchen Einfluss hat die Vergangenheit auf das Leben?

Nordholt–Verlag, 2004

Diese und andere Titel von Michael Mary können Sie auf unserer Homepage bestellen unter www.nordholtverlag.de Die Lieferung erfolgt portofrei.

Michael Mary
Henny Nordholt

Selbsterforschung

www.michaelmary.de – www.nordholt.de

© 2000 by Henny Nordholt–Verlag, Schadeland
Druck: Schaltungsdienst Lange, Berlin
ISBN 978–3–926967–07–7

Alle in diesem Buch enthaltenen Angaben, Daten, Ergebnisse etc. wurden von den Autoren nach bestem Wissen erstellt und von ihnen mit größtmöglicher Sorgfalt überprüft. Gleichwohl sind inhaltliche Fehler nicht vollständig auszuschließen. Daher erfolgen die Angaben etc. ohne jegliche Verpflichtung oder Garantie des Verlags oder der Autoren. Beide Autoren schließen jegliche Verantwortung und Haftung für etwaige inhaltliche Unrichtigkeiten aus, es sei denn im Falle grober Fahrlässigkeit. Insbesondere weisen die Autoren darauf hin, dass die Übungen der Selbsterforschung keinen Ersatz für Psychotherapie darstellen.

www.nordholtverlag.de

Einleitung

Organismen sind *sich selbst steuernde und sich selbst gestaltende Einheiten.* Sie sind selbststeuernd, weil sie mit ihrer eigenen Art und ihrer Umwelt kommunizieren, auf deren Veränderung reagieren, ihre eigenen Möglichkeiten optimieren, sich verändern und auf diese Weise wiederum ihre Umwelt beeinflussen.

Jedes lebende Wesen, und besonders der Mensch, ist der Beweis dafür, dass sein Selbstlenkungsmechanismus im Verlauf der Evolution hervorragend funktioniert hat. Selbststeuerung ist keineswegs auf körperliche oder organische Bereiche begrenzt. Sie gilt ohne Einschränkung für Geist und Psyche. Menschen steuern sich auch durch ihr Verhalten, ihr Denken und Fühlen sowie ihre Beziehungen selbst.

Diese Prozesse folgen keinem festgelegten Plan. Niemand sagt einem Menschen, wie und wann eine notwendige Veränderung geschehen soll. Vielmehr sucht jeder durch Ideen, Vorstellungen und vor allem durch den Drang, Probleme zu lösen, permanent selbst nach neuen Wegen. *innerer Trieb*

Natürlich gelingt das Neue meist nicht auf Anhieb. Vieles misslingt, und man macht auch schmerzliche Erfahrungen. Wenn sich Menschen etwas „in den Kopf gesetzt" haben, können sie nur schwer erkennen, ob ihnen die angestrebte Richtung nutzen oder schaden wird. Sie setzen ihren Willen ein und machen weiter, bis sie massiven Schwierigkeiten oder unüberwindlichen Hindernissen begegnen. Gebräuchliche Worte für solche Hindernisse sind „Spannungen erleben", „Probleme haben", „Krisen durchlaufen" oder „in Konflikte geraten".

Wer vor solchen Hindernissen steht, versucht als Erstes, zu umgehen, was hindert, und wegzuräumen was stört. Dadurch wird aber das Verhalten nicht verändert, das diese Hindernisse entstehen ließ, und die Probleme nehmen in der Folge zu statt ab. Erst wenn die Probleme anfangen, den Menschen zu beherrschen, ahnt er, dass es sich nicht bloß um lästige und störende Erscheinungen handelt. Vielmehr wollen ihn die Mechanismen der Selbststeuerung zu einer Änderung des eingeschlagenen Kurses bewegen. *Warnsysteme, Weckruf*

Sind Sehnsüchte, Spannungen und Probleme, Krankheiten und Leid, Streit und Konflikte Ausdruck der Selbststeuerung? Geschehen diese Dinge nicht zufällig, sind sie womöglich zu einem großen Teil gezielt verursacht? Liegt deshalb ein Wert in diesen Phänomenen? Braucht man solche Hindernisse, um sich selbst besser lenken zu können?

Wir sind aufgrund unserer Erfahrung in der Arbeit mit Menschen davon überzeugt: Menschen steuern sich ständig selbst. Ob solch eine

Aussage „wahr" ist, ist im Grunde unbedeutend. Denn es so zu sehen wirkt sich positiv aus, wie wir in diesem Buch darlegen werden.

In unserer Arbeit bezeichnen wir die Fähigkeit der Selbststeuerung als „den eigenen Therapeuten". Der eigene Therapeut ist der jeweilige Teil eines Menschen, der unabhängig von Willen und Wollen korrigierend und regulierend in das Leben eingreift. *die Psyche*

Das Wirken solcher Selbststeuerung macht sich sehr unterschiedlich bemerkbar, etwa durch:

- ein Spannungsverhältnis zwischen Lust und Angst,
- Träume, Sehnsüchte und Visionen,
- Langeweile und Unzufriedenheit,
- Symptome, Beschwerden und Krankheiten,
- außergewöhnliche Gefühls– und Bewusstseinszustände,
- Vorgänge in menschlichen Beziehungen sowie
- Vorgänge in der Welt.

Wem es gelingt, die Sichtweise der Selbststeuerung einzunehmen, der wird auf seine Probleme, Konflikte und Symptome neugieriger werden. Er wird sie erforschen wollen. Dabei tauchen interessante Fragen auf:

- Womit gerate ich in Spannung? Ist es ein Teil von mir?
- Wozu erlebe ich Probleme? Worauf wollen sie mich stoßen?
- Wozu gerate ich in Krisen? Was soll ich lernen?
- Welcher Teil von mir braucht den Konflikt? Habe ich etwas übersehen?
- Wer werde ich durch die Ereignisse?
- Weshalb fasziniert mich ein bestimmter Mensch?
- Womit komme ich in Kontakt?
- Wo geht mein Weg hin, und wie zeigt das Selbst mir diese Richtung?

Wer Antworten auf solche Fragen sucht, kann sie durch Selbsterforschung finden. Das bedeutet jedoch nicht, dass Selbsterforschung eine Therapie nicht ersetzen soll oder kann. Sie ist jedoch eine zusätzliche Möglichkeit des Umgangs mit den verschiedensten Lebensthemen; eine Möglichkeit allerdings, die das Leben außerordentlich bereichern kann.

Selbstheilungskraft

Kapitel I

Sich selbst erforschen

Selbststeuerung

Gleich zu Anfang wollen wir, anhand der Schilderungen einer 41-jährigen Frau, die unter starken Rheumabeschwerden leidet, ein Beispiel für das faszinierende Wirken der Selbststeuerung geben. Die Frau erzählt:

„Eigentlich macht mich mein Leben sehr unzufrieden. Meine Wohnung ist düster, die Gegend und die Nachbarn sind furchtbar. Meine Arbeit ödet mich an. Meine Beziehungen sind totgelaufen. Aber am schlimmsten ist das Rheuma, das ich seit einigen Monaten habe. Wenn diese grauenhaften Schmerzen nicht wären, könnte ich das andere ja noch ertragen, aber so bin ich am Ende."

Aus ärztlicher Sicht würde man alles tun, diese Frau von den oft unerträglichen Schmerzen des Rheumas zu befreien. Doch was würde geschehen, wenn es allein bei einer ärztlichen Intervention bliebe? Würde sie, von ihren Schmerzen befreit, das „andere" wieder „ertragen"? Würde sie weiterhin einer Arbeit nachgehen, die sie anödet, in ihrer düsteren Wohnung bleiben, totgelaufene Beziehungen fortführen? Wahrscheinlich schon.

Aus der Perspektive der Selbststeuerung erscheint es, als sollte die Frau von ihren Schmerzen daran gehindert werden, dieses unbefriedigende Leben weiterzuführen. Positiv gesehen helfen ihr die Schmerzen, das „andere" nicht länger zu ertragen. So gesehen bekommt die Erkrankung einen Sinn. Da Rheuma zu den Autoimmunkrankheiten gezählt wird, ist ein solcher Zusammenhang durchaus denkbar; und wahrscheinlich würde auch mancher Mediziner zu dieser Sichtweise neigen.

Gläubige Menschen würden sagen, Gott habe der Frau die Schmerzen gesandt, damit sie sich erkennt. Wir würden fantasieren, ein weiser Schmerzmacher, ein Teil der Frau selbst, habe diese Symptome entstehen lassen. Sein Wirken deutet sich in ihren Worten an: „Wenn diese grauenhaften Schmerzen nicht wären, könnte ich das andere ja noch ertragen, aber so bin ich am Ende." Ja, etwas sollte wohl tatsächlich zu Ende sein.

Wenn wir annehmen, ein Teil der Frau selbst sei für das Entstehen des Rheumas verantwortlich, dann arbeitet diese Frau gewissermaßen therapeutisch mit sich selbst, auch wenn sie das „unabsichtlich" tut.

An diesem Punkt ihres Leben braucht sie niemand anderen, der ihr sagt: „Kümmere dich besser um dich, such dir eine schönere Arbeit, werde sensibler für Schmerzen und Gefühle, halte das Leben nicht bloß aus!" Sie braucht auch nicht unbedingt einen Psychotherapeuten, der ihr dabei hilft. Sie, oder sollen wir sagen: ihr innerer Therapeut, tut dies von ganz allein, ob es ihr gefällt oder nicht – durch ein Geschehen, dem sie ausgeliefert ist.

Gerade die Dinge, die „geschehen" und die scheinbar un-beabsichtigt „passieren", sind, unter dem Gesichtspunkt der Selbststeuerung, von ganz besonderem Interesse.

Lassen Sie uns dazu ein weiteres Beispiel anführen, diesmal aus dem Bereich menschlicher Beziehungen. Es handelt sich dabei um einen 55–jährigen Mann, der darüber klagt, plötzlich mit allen möglichen Menschen Streit zu haben:

„Mal habe ich Streit mit einer Verkäuferin, und dann gerate ich mit dem Schaffner aneinander. Gestern stritt ich mich mit meinem besten Freund, und heute Morgen habe ich meine Frau angeschnauzt. Wenn ich so weitermache, werde ich es mir mit allen verderben!"

Dieser Mann ist gestresst, aggressiv und schlägt um sich, er braucht Ruhe und Entspannung, würde eine oberflächliche Betrachtung dieser Ereignisse ergeben, die ihm unbeabsichtigt passieren und die ihm nicht gefallen. Doch aus der Perspektive der Selbststeuerung suchen wir nicht vorrangig nach möglichen Ursachen dieses Verhaltens, sondern unterstellen den Vorgängen einen Sinn. Wir wagen die Hypothese: *„Es wurde Zeit, dass Sie anfangen, sich bemerkbar zu machen!"*

Natürlich ist der Mann über diese bestimmt vorgetragene Behauptung zunächst erstaunt. Aber kurz darauf huscht ein Lächeln über sein Gesicht. Tatsächlich! Es gibt diesen Teil, der sich streiten will. Es gibt den Teil, der sagen will: „Hier stehe ich, mit meinem Willen, und ich bin ganz entschieden anderer Meinung!"

Sucht man den Sinn der Konflikte, unter denen der Mann nach eigenen Worten leidet, so könnte man fantasieren, ein Krieger sei aus einem Versteck hervorgekommen, um längst notwendige Auseinandersetzungen zu führen und seinen Platz in der Welt zu behaupten. Auch in diesem Fall würde der Mann sich ganz konsequent selbst steuern – und das gegen seine erklärte Absicht, mit allen in Frieden zu leben.

Selbststeuerung scheint völlig unabhängig von den bewussten Absichten der Menschen zu funktionieren.

Dies soll ein drittes Beispiel demonstrieren. Es handelt sich um den 58-jährigen Direktor einer großen Versicherungsgesellschaft, der sich in eine weitaus jüngere Angestellte seiner Firma verliebte (und diese sich in ihn). Die Situation wurde für den Mann äußerst problematisch, als ihm in Geschäftsverhandlungen und einer Aufsichtsratssitzung plötzlich die Tränen kamen. Er fing zu weinen an, ohne dass er etwas dagegen tun konnte, außer schnell rauszugehen.

Unterstellt man seinem Gefühlsausbruch einen Sinn, dann macht etwas Inneres es dem Direktor schwer, weiterzuarbeiten. Tatsächlich steckt der Mann voller Träume und Sehnsüchte, wie ein ausführliches Gespräch zeigt. Er wollte „schon als junger Mann eine Weltreise machen" und „immer mal etwas Verrücktes unternehmen". Stattdessen studierte er und wurde Manager. Was wurde im Laufe der Jahrzehnte aus dem Abenteurer?

Man kann sich ausmalen, dass es dieser Abenteurer ist, der den Mann dazu brachte, sich in fortgeschrittenem Alter zu verlieben – der spontane, freie und unabhängige Teil seiner Persönlichkeit, der sagt: „Folge endlich deiner Sehnsucht!".

Allerdings wollte der Mann an diesem Punkt nicht auf den Abenteurer in ihm hören. Zum einen glaubte er, dafür zu alt zu sein. Zum anderen war er seit vielen Jahren verheiratet. Seine Ehe beschrieb er als „eigentlich ganz zufriedenstellend". Zwar konnte er im Laufe einiger Sitzungen seine Träume und Sehnsüchte erkennen, aber nachgeben wollte er ihnen nicht. Er versuchte noch fast ein Jahr lang, mit seinem bisherigen Leben zufrieden zu sein. Dann ließ er sich in den Ruhestand versetzen, kaufte ein Segelboot und fuhr mit seiner Geliebten los. Und wohl gerade weil er so lange „vernünftig" war, spülten seine Emotionen ihn gleichermaßen fort.

Diese Beispiele – sie sind nicht einmal extremer Art – zeigen, wie Selbststeuerung funktioniert. Man glaubt, den Kurs seines Lebens zu bestimmen. Für eine ganze Weile scheint das auch so zu sein. Doch dann geschieht irgendetwas Unvorhergesehenes.

> *Etwas greift in das Ruder und steuert einen anderen Kurs. Der Mensch mag mit seinem Willen dagegenhalten, aber er kommt nicht dagegen an. Das Boot bestimmt seinen Weg selbst, und er weiß nicht, wohin er führt.*

Das Boot bestimmt seinen Kurs selbst, und man kennt weder Weg noch Ziel. Doch dieser Kurs ist weder zufällig noch willkürlich gewählt. Er führt in Lebensbereiche, die bisher vermieden wurden, bringt in Kontakt mit Dingen und Menschen, denen bisher ausgewichen wurde, konfrontiert mit Seiten von sich selbst, die bisher übersehen wurden, verschafft Erfahrungen, die bisher verschlossen waren.

Selbststeuerung scheint auszugleichen:

– Die *verständnisvolle* Ehefrau, die glaubt, nichts dagegen zu haben, dass ihr Mann eine Geliebte hat, erleidet rätselhafte Angstanfälle.

10

– Die zu *brave* Tochter schafft das von den Eltern gewählte Studium nicht und fällt, obwohl sie sich bis zur Erschöpfung anstrengt, durch jede Prüfung.

– Gerade der Vater, der *nichts als Ruhe* will, leidet unter einer nervenden Tochter.

– Den Mann, der noch *so viel erreichen* wollte, wirft ein Unfall aus der Bahn.

– Das Paar, das ein ganzes Leben *zusammenbleiben* wollte, trennt sich bereits nach kurzer Zeit.

Ist das alles ein Zufall, oder steckt das System der Selbststeuerung hinter diesen Konfrontationen? Tatsächlich können wir nach zwanzigjähriger Arbeit mit Menschen die augenfällige Sinnhaftigkeit der verschiedensten Symptome und Ereignisse, denen wir in der täglichen Praxis begegnen, nicht mehr als Zufall begreifen. Unsere Erfahrung zeigt, dass Menschen tatsächlich beständig „mit sich selbst arbeiten" – allerdings ohne sich über die mitunter seltsamen, verrückten oder auch schmerzlichen Wege dieser Selbststeuerung im Klaren zu sein.

Das Boot steuert seinen eigenen Kurs, weg vom gewohnten Leben; und in diesem Prozess verändern sich die Menschen.

Selbststeuerung bedeutet in oft existenzieller Weise Veränderung. Was immer „geschieht", ob man einen Partner findet oder verliert, ob sich Erfolg oder Misserfolg einstellt, ob man das, was einem begegnet, begrüßt oder ablehnt, ob es einem passt oder nicht – es verändert. Vielleicht ist gerade diese Unabhängigkeit vom Willen der eigentliche Grund, warum solche Veränderungen fast nie ohne Bedeutung und Sinn zu sein scheinen.

Es wäre durchaus möglich, dass körperliche und emotionale Symptome der unterschiedlichsten Art Ausdruck eines Strebens nach innerem Ausgleich und Vervollkommnung sind. Dass man an bestimmten Menschen oder Ereignissen hängen bleibt, weil man die Auseinandersetzung mit ihnen braucht, beispielsweise um bestimmte Seiten seiner Persönlichkeit zu entwickeln. Dass man diese ausweglos scheinende Depression braucht, um die Frage nach dem Sinn seines Lebens beantworten zu können. Und dass man durch Streit und Kampf das Ende einer Beziehung herbeiführt, um durch Schmerz und Einsamkeit die Unabhängigkeit zu finden, die als Grundlage einer besseren Beziehung dienen wird.

Daher kann man Selbststeuerung als die unbewusste Tendenz des Menschen bezeichnen, mit Dingen in Kontakt zu geraten, die sein bisheriges Leben verändern, um eine sein Leben bestimmende Einseitigkeit aufzuheben.

11

Wem geschieht es?

Selbststeuerung greift in das Leben durch Ereignisse ein, mit denen man willentlich nicht übereinstimmt.

Normalerweise sucht man dann nach den Ursachen der Ereignisse, meist, um diese zu beseitigen. Beispielsweise mag jemand, dem häufig Rückenschmerzen passieren (nennen wir ihn Kurt), zum Arzt gehen und sagen: „Mit meinem Rücken stimmt etwas nicht. Tun Sie etwas gegen diese Schmerzen!"

Und der Arzt mag körperliche Aspekte der Schmerzen finden oder nicht, seine Behandlung wird sich in jedem Fall auf den Rücken beziehen. Es ist aber nicht der Rücken, der Schmerzen hat. Der Rücken *macht* die Schmerzen. Wer aber *hat* die Schmerzen? Wer geht zum Arzt?

Aus der Sicht der Selbststeuerung stehen Fragen nach den Ursachen nicht an erster Stelle. Wir fragen vielmehr: „Wem passiert es?"

Betrachtet man nicht bloß den Rücken, sondern auch das Leben von Kurt, wird die Antwort klar. Jemand hat Schmerzen, der 14 Stunden am Tag arbeitet. Jemand, der rücksichtslos mit seinen Kräften umgeht und seinem Körper mehr abverlangt, als dieser geben will. Diesen Menschen könnten wir den „verbissen arbeitenden, auf ein Ziel fixierten, sich pausenlos anstrengenden Kurt" nennen. Es ist die gleiche Person, die zum Arzt geht. Es ist jemand, der keine Rückenschmerzen haben und so weitermachen will wie bisher. Es ist der *starke* Kurt.

Das Wort „stark" deutet auf eine Wertung hin. Der Mann ist gern stark und nicht gern schwach. Er ist stolz auf seine Leistungsfähigkeit, darauf, was er im Leben erreicht hat, und er will noch mehr erreichen. Wenn wir ihn fragen: „Was für ein Mensch bist du?", würde er wahrscheinlich sagen: „Ich bin zielbewusst, ich arbeite gern, ich weiß, was ich will!". Er bewundert Menschen, die etwas geschafft haben, die sich anstrengen können, die etwas leisten. Dieser Mann ist ganz eindeutig mit allem identifiziert, was er als Stärke empfindet.

Die Frage „Wem passiert etwas?" führt geradewegs zur Identifikation eines Menschen, denn Dinge passieren dem Teil, mit dem er identifiziert ist. Dinge passieren dem Ich und damit dem Willen des Menschen.

Seine Identifikation ist das, wozu ein Mensch „Ich" sagen kann. Ich bin stark. Ich bin jung. Ich bin intelligent. Ich bin unfähig. Ich bin minderwertig. Ich bin schüchtern. Ich bin schön, hässlich, verständnisvoll, unabhängig, krank, gesund, ängstlich, zufrieden... usw.

Jemand sein

Menschen entwickeln zahlreiche Identifikationen. Manche beziehen sich auf die Person wie beispielsweise die Aussage: „Ich bin ein gutwilliger Typ". Andere beziehen sich auf Situationen, beispielsweise die Aussage: „Dieser Beruf wäre nichts für mich!". Andere Identifikationen tauchen in der Beziehung zu Menschen auf, z.B. wenn jemand sagt: „Ich mag dich". Wenn man sagt: „Ich bin traurig", ist man mit einem Gefühl identifiziert. Die Aussage: „Ich denke, ich sollte das tun" zeigt eine Identifikation mit einer bestimmten Denkart. „Ich bin Deutscher" offenbart die Zugehörigkeit zu einer Nation, „Ich bin Anwalt" zu einer Gruppe von Menschen.

Identifikationen bestimmen Denken, Fühlen und Handeln, und es gibt immer etwas, wozu jemand „Ich" sagt. Menschen brauchen eine solche Orientierung, um sich in den vielfältigen Situationen des Lebens zurechtzufinden, denn Identifikation gibt Information darüber, wie man sich verhalten soll, was richtig und falsch ist, was man tun und was lassen soll. Sie vermitteln die Sicherheit, jemand zu sein; und solange jemand glaubt zu wissen, wer er ist, glaubt er auch zu wissen, mit wem er es zu tun hat. Er ist sich (scheinbar) bekannt. Wie wichtig solche Orientierung ist, kann man daran erkennen, dass Menschen, die ihr Ich-Gefühl verlieren, Angst haben, verrückt zu werden.

Das Wort „identifizieren" bedeutet „erkennen". Eine Identifikation zu haben, führt also dazu, dass man sich selbst erkennt und auch, durch andere erkannt zu werden. Dafür, dass ein Mann sich wie ein Mann verhält, und eine Frau sich wie eine Frau, erfahren sie *Anerkennung*. Ein Junge wird gelobt, wenn er sich wie ein „richtiger" Junge verhält und ein Mädchen erfährt Sympathie, wenn es ein „richtiges" Mädchen ist.

Wer sich außerhalb einer erkennbaren Identifikation verhält, verunsichert die Leute. Waren Sie schon einmal mit einem Transvestiten allein in einem Zimmer? Dann wissen Sie, wie verunsichernd es sein kann, jemanden nicht genau identifizieren zu können. Ist er jetzt Mann oder Frau? Wie soll ich mich ihm gegenüber verhalten?

Identifikation ist eine faszinierende Angelegenheit. Man kann zwischen verschiedenen Identifikationen hin und her pendeln oder sie blitzschnell wechseln. Erst vor Kurzem schimpfte Ich (Mary) vom Auto aus über die lahmen Fußgänger, die mit ihrer Langsamkeit den Verkehr aufhalten. Dann stellte „ich, der Autofahrer" mein Auto ab und wollte die Straße überqueren. Nun schimpfte „ich, der Fußgänger" über die Autofahrer, die es immerzu eilig haben und keine Rücksicht nehmen.

Identifikationen entwickeln und verfestigen sich im Laufe des

Lebens. Sie haben ihren Anfang in der Kindheit und sind deshalb relativ willkürlich gesetzt. Bestimmte Eigenschaften und Fähigkeiten wurden unterstützt, andere vernachlässigt oder gar missachtet. Man hat jemand eingeredet, wie er angeblich ist, z.B. „hässlich" oder „dumm", und wie er sein soll, nämlich „hübsch" oder „schlau". Oder man hat Lebenssituationen auf eine bestimmte Weise interpretiert. Beispielsweise hat ein Mädchen das Desinteresse seines Vaters so verstanden, dass es „nicht liebenswert" ist.

Doch ganz gleich, wie sie entstanden ist, und was immer man von einer konkreten Identifikation hält: Identifiziert zu sein macht automatisch einseitig.

Diese Einseitigkeit bleibt nicht ohne Folgen, wie wir zeigen werden.

Ärger mit dem Nicht–Ich

Kehren wir noch einmal zum Beispiel von Kurt mit den Rückenschmerzen zurück. Der „starke Kurt" beißt die Zähne zusammen und will die Schmerzen nicht haben. Aber da ist noch jemand. Einer, der sagt: „Aua, das tut weh". Einer, der müde ist. Einer, der sich überlastet fühlt, der sich gern entspannen will, der mal in Urlaub fahren und die Füße hochlegen will. Und dem es nicht so wichtig ist, noch mehr zu erreichen. Der sagen würde: „Nun lass mal fünf gerade sein und genieße dein Leben!" Das ist der „schwache Kurt".

Würde man dem Mann Kurt erklären: „Du überforderst dich, du bist nicht so stark, wie du glaubst", würde er das von sich weisen, denn er ist mit dem starken Kurt vereint. „Schwach ist mein Rücken – nicht ich". Und der Mann hätte recht. Der schwache, entspannte, in den Tag hinein lebende Kurt gehört zu seinem „Nicht–Ich", denn mit dieser Seite seiner Persönlichkeit ist er nicht identifiziert. Im Gegenteil, diesen „Schwächling" lehnt er ab, ja, er verachtet ihn sogar, mit ihm will er nichts zu tun haben.

Doch ob er den schwachen Kurt, der ja nur in den Augen des starken Kurt schwach erscheint, nun mag oder ablehnt – die Rückenschmerzen sind da. Sie sind im Laufe der Jahre so stark geworden, dass er sie nicht weiter ignorieren kann. Der Mann hat ganz offensichtlich Ärger mit dem Nicht–Ich, mit einer anderen Seite seiner Persönlichkeit, mit einer dunklen, verborgenen Seite des Selbst!

Jede Identifikation lässt solch eine dunkle, unbewusste Seite entstehen und verursacht damit fast automatisch Ärger. Wer glaubt, stark zu sein, kann sich nicht entspannen. Sogar im Urlaub wird er joggen, ein Beschäftigungsprogramm entwerfen, Kraftsport treiben ..., bis er „zufällig" eine Krankheit erleidet oder sich den Fuß verstaucht. Wer glaubt, minderwertig zu sein, kann sich nicht durchsetzen. Er wird sich zurückhalten, bis ihm irgendwann der Kragen platzt und er aus der Haut fährt (Wer das war?). Wer von sich glaubt, gutmütig zu sein, wird Ärger mit seiner Aggression bekommen (Wer hat geflucht?) Wer glaubt, intelligenter als andere zu sein, wird Ärger mit Menschen bekommen. (Die machen Fehler!) Wer glaubt, unabhängig zu sein, wird Ärger mit seinem Verzicht bekommen (Wer träumt nachts von einem Partner?).

Das bin nicht Ich! Das passiert nur zufällig! Das habe ich nicht gewollt! Das war ein Versehen! Das wird nicht wieder vorkommen!

Hier zeigt sich der Ärger mit dem Nicht–Ich. Früher oder später bekommen Menschen Ärger mit dem Nicht–Ich, mit den Teilen, die sie nicht sein wollen, aber trotzdem auch sind.

Eine Frau sagt von sich: „Ich bin zu mollig, ich bin hässlich!". Sie ist mit Schlanksein identifiziert, mit einer Idealvorstellung von Schönheit, und auch sie erlebt den Ärger mit dem Nicht–Ich.

„Manchmal sitze ich beim Abendbrot und beschließe, kein weiteres Käsebrot mehr zu essen. Ich unterhalte mich mit meinem Mann, und plötzlich fällt mir auf, dass ich ein solches Brot in der Hand halte, ja sogar schon einen Bissen davon genommen habe. Ich kann diesen Drang einfach nicht kontrollieren. "

Nun – wer schmiert sich da heimlich ein Brot mit herrlichem Käse und beißt gierig hinein? Das bin nicht Ich! Es ist jemand, dem die Pfunde gleichgültig sind. Der genießen will. Ja, der sogar regelrecht gierig ist. Was nützen Vernunft und gute Vorsätze, wenn man es mit jemand derart Gierigem zu tun hat? Wie soll das Abnehmen da gelingen? Solchen Ärger haben Millionen Menschen, deren Schönheitsideal mit Teilen ihrer Persönlichkeit kollidiert, die gierig oder hungrig sind, die Bedürfnisse haben.

Der Mensch ist auch das, was er nicht sein will. Er ist mehr als seine jeweilige Identifikation.

Nicht–Ich

Zum Bereich des Nicht–Ich gehört, was außerhalb eigenen Vorstellungswelt liegt. Erfahrungen, die man noch nicht gemacht hat, Verhalten, das man noch nicht gezeigt hat, Gedanken, die man noch nicht gedacht hat und Gefühle, die man noch nicht gefühlt oder gelebt hat, jedes Land, das man noch nicht bereist hat, und jeder Mensch, den man noch nicht kennengelernt hat.

Nicht–Ich – das ist alles andere.

Krank zu sein gehört für einen gesunden Menschen zum Nicht–Ich. Doch jeder kann krank werden. Allein zu sein gehört zum Nicht–Ich eines Menschen, der mit einem Partner zusammenlebt. Doch er kann den Partner verlieren. Arm zu sein gehört für die meisten Menschen unseres Landes zum Nicht–Ich. Aber es kann jedem passieren. Einen anderen zu töten ist eine Erfahrung, die zum Nicht–Ich der meisten Menschen gehört. Das kann sich etwa durch einen Verkehrsunfall oder einen Streit ändern.

Man kann dem Nicht–Ich jederzeit begegnen, entweder im Inneren oder im Äußeren. Man ist nie vor ihm sicher.

Das Ärgerliche am Nicht–Ich ist seine Unkontrollierbarkeit, doch gerade darin liegt der positive Aspekt der Selbst-steuerung. Denn hätte man sich selbst fest in der Hand, wer sollte dann regulierend ins Leben eingreifen?

Wenn man dem Ich ganz ausgeliefert wäre, könnte man *das andere* nie sein und nie erleben, denn das Ich lehnt alles ab, was nicht zu ihm gehört. Es lehnt ab, einen anderen Kurs als den des eigenen Willens zu steuern. Es trennt von Dingen, die auch zum Selbst gehören. Es macht einseitig und halb. Deshalb sorgt die Selbststeuerung für den Kontakt mit *dem anderen*, mit dem Bereich jenseits des Ich, jenseits der Grenze der Identifikation.

Die Selbststeuerung kennt Mittel und Wege, die Grenze zu über-schreiten, die um das Ich aufgebaut ist und die bewusst kaum über-schritten werden kann.

Grenzen und Schwellen

Zwischen dem Ich und dem Nicht–Ich verläuft eine Grenze, eine Schwelle, ein Graben. An dieser Grenze zum Unbekannten bleibt das Ich stehen und weigert sich, weiterzugehen.

Wenn es den Bereich der Identifikation verlassen würde, wüsste es nicht, wie es sich verhalten sollte. Es wüsste nicht, in wen es sich jen-seits der Grenze verwandeln wird. „Ich soll auf meinen Rücken hören und schwach sein? – Was wird dann aus meinen Plänen? Wer verdient dann das Geld?" – „Ich soll meiner Erschöpfung folgen und in Ruhe krank sein? – Was wird dann aus meinen Kindern?". „Ich soll meinem Chef sagen, was mich stört? – Was wird dann aus meiner Karriere?"

Mit solchen oder ähnlichen Argumenten hält sich das Ich an der Grenze davon ab, weiterzugehen. Wer beispielsweise damit identi-fiziert ist, minderwertig zu sein, dem wird es schwerfallen, un-befangen auf Menschen zuzugehen. Solch ein Mensch ist durch die Grenze von Selbstsicherheit getrennt, er zeigt Unsicherheit, Zurück-haltung und Nachgiebigkeit. Möglicherweise findet er keinen Lebenspartner und klagt über Einsamkeit. Würde man ihm raten, sich einen Partner zu suchen, würde das nicht viel nutzen. Man könnte ihn auch nicht davon überzeugen, gleichwertig zu sein. Er würde es nicht glauben, denn die Schwelle wäre zu hoch.

An der Schwelle bzw. Grenze hört der Mensch auf zu sein, wer er ist oder bisher war. An der Schwelle sagt er beispielsweise:

- Das kann ich nicht.
- Das traue ich mich nicht.
- Das tut man nicht.
- Angst kenne ich nicht.
- Das will ich nicht.
- Das macht mir doch nichts aus.
- Das ist doch selbstverständlich.
- Das tue ich niemals.
- Ich darf nicht traurig sein (ich bin doch kein Kind mehr).
- Ich brauche nicht wütend zu sein (ich bin doch vernünftig).
- Ich habe es nicht nötig, eifersüchtig zu sein (schließlich bin ich unabhängig).
- Ich muss mich zurückhalten (sonst ziehe ich den Kürzeren).
- Ich muss mich anpassen (sonst wendet man sich von mir ab).
- Ich brauche keine Liebe (sonst werde ich enttäuscht).

Jeder Mensch steht permanent vor Barrieren und weiß nicht, ob er diese überqueren soll. Und selbst wenn er wollte, wüsste er nicht, wie er das tun kann.

Der Graben, die Schwelle, die Grenze zwischen dem Ich und dem Nicht–Ich, spaltet die Persönlichkeit in scheinbar unabhängige, unverbundene Bereiche oder Teile auf. Es liegt auf der Hand, dass diese Teilung die Erlebens– und Verhaltensmöglichkeiten einschränkt. Irgendwann einmal kommt der Punkt, wo man es leid ist, nur stark, immer schwach, meist einsam, ständig verbunden, dauernd nett, verständnisvoll, gutmütig zu sein.

Dann tauchen Fragen auf wie: „Bin ich wirklich so? Bin ich so stark? Bin ich so minderwertig? Bin ich tatsächlich so vernünftig? Bin ich wirklich so ehrlich, wie ich glaube? Müssen Männer sich so verhalten? Kommt es im Leben wirklich darauf an, etwas zu erreichen? Oder gibt es auch noch etwas ganz anderes?"

Manchmal realisieren Menschen die Begrenzung durch ihre Identifikation von allein. Beispielsweise ist Mutter bzw. Vater sein eine jener Identifikationen, die zwar lange anhalten, aber von der die meisten nach 20 Jahren genug haben. Es genügt dann nicht mehr, nur Vater oder Mutter zu sein. Man will mehr und sagt Dinge wie: „Schließlich gibt es noch etwas anderes auf der Welt". Man ist genervt oder gelangweilt von der Rolle und ihren Pflichten und beginnt von etwas anderem zu träumen – obwohl man seine Kinder liebt.

Lust auf...

Jede Identifikation lässt früher oder später das Empfinden von Enge und Eingesperrtsein entstehen und produziert quasi automatisch eine Sehnsucht nach Erweiterung.

Den Drang, eine zu eng gewordene Identifikation zu erweitern, bezeichnen wir als die Lust eines Menschen.

Der Begriff Lust ist hier nicht umgangssprachlich gebraucht, sondern im Sinne eines Dranges oder Impulses. Jemand, der sehr traurig ist, hat Lust zu weinen. Wer sich freut, hat möglicherweise Lust zu tanzen. Wer wütend ist, bekommt Lust zu schreien. Wer sich verliebt, hat Lust auf eine körperliche Verbindung, und wer hasst, entwickelt eine Lust auf Distanz. Lust ist ein Lebensimpuls, eine lebendige Äußerung der Lebenskraft mit dem Ziel der Erweiterung.

Sogar in störenden Symptomen oder in Krankheiten zeigt sich eine solche Lust, und zwar an Veränderungen und Grenzübertritten, wie wir am Rheumabeispiel am Anfang des Buches zeigten.

Die Rheumasituation offenbart – neben den Schmerzen – auch positive Aspekte. *„Besonders schön ist es, nach fast fünfundzwanzig Jahren als Angestellte mal ganz ohne Wecker wach zu werden, weil ich seit Wochen krankgeschrieben bin. Ich bin nie zu spät zur Arbeit gekommen und war fast niemals krank. Jetzt genieße ich es regelrecht, nichts zu tun, fange zu malen an und lerne, dass Faulsein schön sein kann."*

Die Krankheit wird teilweise lustvoll erlebt. Vom Standpunkt der Selbststeuerung aus hat sich im Symptom Rheuma eine Lust durchgesetzt: die Lust, etwas fauler zu sein, sensibler für die eigenen Bedürfnisse zu werden und das Leben mehr zu genießen.

Lust auf Rheuma? So kann man es wohl nicht sagen, aber Lust auf Spüren, auf Loslassen, auf Genießen, das wäre stimmig. Die Frau geht sogar noch einen Schritt weiter und erkennt aufgrund ihrer Situation: *„Ich habe immer versucht, mein Leben so zu zwingen, wie ich es haben wollte. Alles sollte so werden, wie ich es mir vorstellte; und dafür habe ich mich abgemüht und gekämpft. Jetzt spüre ich eine tiefe Sehnsucht danach, mich zu ergeben."* Ergeben vor wem? Vor dem Nicht–Ich, vor dem Leben, vor dem Schicksal ...

Unter diesen Gesichtspunkten eröffnen sich Möglichkeiten, die Probleme, unter denen Menschen leiden, und die Ereignisse, die ihnen zustoßen, in einem anderen Licht zu betrachten:

– Sind Probleme und Krankheiten manchmal womöglich Ausdruck versteckter Sehnsüchte?

– Verbirgt sich hinter manchem Bandscheibenschaden vielleicht die Lust, das Leben leichter zu nehmen, anstatt sich ständig mit seinen Plänen zu überlasten?

– Verbirgt sich hinter der Nervosität die Lust, aus der Haut zu fahren oder Lästiges abzuschütteln, anstatt weiterhin geduldig mitzuspielen?

– Verbirgt sich hinter den nächtlichen Albträumen von Krieg und Explosionen möglicherweise die Lust, zu kämpfen und sich durchzusetzen, anstatt weiterhin brav und angepasst zu sein?

– Wartet hinter dem zusammengeschnürten Hals und den Schluckbeschwerden die Lust, traurig zu sein und zu weinen?

– Liegt hinter dem Streit in der Partnerschaft die Lust, alte Verhaltensregeln aufzukündigen, anstatt so zu tun, als hätte sich nichts verändert?

Angst vor ...

Aus einer Identifikation heraus entwickelt sich der Drang zu ihrer Erweiterung, aber an der Grenze werden Menschen durch Angst gehindert und gebremst.

Die Tendenz, an einer Identifikation festzuhalten, bezeichnen wir als die Angst eines Menschen. Die Angst, den sicheren Rahmen des Ich zu verlassen.

Wenn man an den Punkt gelangt, an dem eine Identifikation ausgeschöpft ist, wenn man eine Grenze erreicht, wenn der Drang zur Erweiterung auftaucht, wenn sich ungewöhnliche Lustimpulse bemerkbar machen – dann reagiert man zuerst mit Befürchtungen, Angst oder gar Panik und klammert sich erst recht am Alten fest.

Die Lust auf das Neue wird aus Angst vor dem Neuen verdrängt. Man steht am Zaun, schaut in das unbekannte Land und traut sich doch nicht, den Schritt zu machen. So hängt man fest, in der Diskrepanz zwischen dem, wer man sein könnte, und dem, wer man ist. Die Spannung zwischen Lustimpuls und Realität wächst und wird so stark, dass sie schließlich beachtet werden muss.

An der Grenze wird deutlich, dass eine Erweiterung des Ich unausweichlich ist.

Veränderung geschieht

Spätestens wenn man einer Lust auf ... nicht entkommen und die Angst vor ... nicht aufgeben kann, zeigt sich, dass die Erweiterung des Ich anliegt. Dann hängt man fest in einem Konflikt mit sich selbst, den Menschen oder der Welt.

Es gibt eine Reihe von Indikatoren dafür, wann es nicht mehr ausreicht, der zu sein, der man noch ist. Diese Indikatoren tauchen vor allem im Individuum, in menschlichen Beziehungen oder in Situationen und Ereignissen auf.

Individuelle Veränderungen

Individuelle Veränderungen erweisen sich immer dann als notwendig, wenn jemand Ärger mit dem Nicht–Ich bekommt, wenn also etwas geschieht, das er nicht kontrollieren kann, das ihm nicht passt und das trotzdem bleibt. Es kann sich dabei um Verhaltensweisen, Gefühle, Symptome oder Träume handeln.

Beispielsweise sind Langeweile und Unzufriedenheit individuelle Zustände, die unruhig, aggressiv oder apathisch machen können. Sie weisen darauf hin, dass das Alte nicht mehr genügt und man reif für etwas Neues ist.

Der individuelle Zustand verändert sich aber auch von selbst, beispielsweise mit dem Älterwerden. Dann braucht man eine neue, um „Alt–Sein" erweiterte Identität, sonst bereiten Falten und nachlassende körperliche Kraft erhebliche Schwierigkeiten.

Auch durch Krankheit kann jemand gezwungen werden, seine Vorstellung von sich selbst als gesundem oder kräftigen Menschen um die Erfahrung von Verletzbarkeit oder Empfindlichkeit zu erweitern. Ein Unfall beispielsweise mag aus einem unabhängigen einen abhängigen Menschen machen, der auf die Hilfe anderer angewiesen ist.

Auch wiederkehrende Sehnsüchte und Träume sind Hinweise auf anstehende Veränderungen. Der Traum einer überarbeiteten Mutter von einem Leben ohne Kinder mag aus ihr eine Frau machen wollen, die ihre eigenen Bedürfnisse mehr in den Vordergrund stellt.

Menschliche Beziehungen

Veränderungen in Beziehungen werden notwendig, wenn jemand durch Menschen gestört wird oder er andere stört, entweder in positiver oder in negativer Hinsicht.

So mag beispielsweise ein Nachbarschaftsstreit vor Gericht nicht zu klären sein. Eventuell muss einer mehr auf den anderen zugehen und kann ihm dann aus verständiger Nähe heraus besser begegnen.

Partnerschaft ist ein Bereich, in dem man ständig mit dem Nicht–Ich konfrontiert ist, denn der Partner stellt oft geradezu eine Personifizierung dieses Bereiches dar. Man liebt ihn, weil er etwas ist, das man selbst gern wäre, beispielsweise spontan, selbstsicher oder zartfühlend. Gleichzeitig lehnt man an ihm ab, was man an sich selbst nicht mag. Wenn man sich mit dem Partner streitet, liegt man oft im Kampf mit sich selbst.

Sympathie und Antipathie können auf Resonanz mit Eigenschaften des Nicht–Ich beruhen. Womit kommt man in Kontakt, wenn ein Mensch positiv oder negativ fasziniert, wenn man sich angezogen oder abgestoßen fühlt? Ist der andere ein Teil des eigenen Selbst, zu dem wir Nähe suchen oder den wir bekämpfen wollen?

Situationen und Ereignisse

Auch wenn sich äußere Situationen verändern, kann man nicht bleiben, wer man ist. Wenn beispielsweise die materielle Basis einer Familie zerbricht, ist es sehr schwer, „selbstsicher" zu bleiben. Wahrscheinlich macht die neue Situation „unsicher" oder gar „panisch". Damit gilt es zurechtzukommen, glaubte man doch, vor solchen Zuständen gefeit zu sein.

Wenn man eine nahestehende Person verliert und sich dadurch von einem bezogenen in einen einsamen Menschen verwandelt, erfordert es die neue Situation, mit den Gefühlen klarzukommen, die Einsamkeit und Getrenntsein mit sich bringen. Auch wenn man sich bisher nicht vorstellen konnte, so schwach zu sein.

Selbst ganz verrückte Dinge können geschehen. Jemand könnte irrtümlich eines Verbrechens beschuldigt werden. Krieg, Inflation, politische Wechsel, Naturkatastrophen etc. können geschehen. Die Wiedervereinigung Deutschlands war so ein verrücktes, unvorhersehbares Ereignis, das zwei bisher getrennte Bevölkerungsteile vor die Notwendigkeit stellt, eine gemeinsame Identität zu entwickeln.

Individuelle Zustände, menschliche Beziehungen, Situationen und Vorfälle – alles ist in Bewegung, und jeden Augenblick kann sich mehr ereignen, als man sich je vorstellen konnte.

Alle diese Veränderungen haben eines gemeinsam: Sie stellen den Betroffenen vor die Aufgabe, mit etwas Neuem, Fremdem, Ungewohntem zurechtzukommen. Sie fordern von ihm, ein anderer Mensch zu werden, in Sinne einer Erweiterung seiner Identifikationen.

Erweiterung kann befreien

Ein anderer Mensch zu werden wird unter Umständen als Befreiung erlebt. Wenn beispielsweise eine Identifikation ausgelebt wurde, weil man sich viele Jahre darin aufgehalten hat, wenn man jeden Zentimeter dieses Bereiches in– und auswendig kennt, dann ist das Alte endgültig „vorbei". Dann tauchen Sehnsüchte und Träume auf, und das Ich bereitet sich auf Veränderung vor. Man steht am Grenzzaun und wartet auf das Neue, darauf, den Mut aufzubringen, über die Grenze zu schreiten, sich anders zu verhalten, oder darauf, dass einem ein Ereignis einen Stoß versetzt oder dass ein Mensch vorbeikommt, der einem auf die andere Seite hinüberhilft.

Endlich den erwünschten Partner gefunden zu haben – was für eine Freude! Sich endlich einmal gewehrt zu haben – was für eine Befriedigung! Nach Jahren einmal weinen zu können – wie gut tut das!

Wann immer das Ich einen Vorfall oder eine Entwicklung erwartet oder positiv beurteilt, wird das Neue als Bereicherung und die Grenzüberschreitung als Befreiung erlebt.

Sich gegen Veränderung wehren

Anders verhält es sich mit Entwicklungen oder Ereignissen, die vom Ich negativ beurteilt werden. Was das Ich nicht für erstrebenswert hält, lehnt es nicht nur ab – es wehrt sich vehement dagegen.

Das Ich kann nicht anders, es empfindet solche Veränderungen als den Anfang seines Endes, als den Beginn seines Unterganges. Sobald ihm die Kontrolle darüber entgleitet, sind seine Macht und seine Identität gefährdet. Also versucht es mit aller Macht, die Kontrolle zurückzugewinnen, das Nicht–Ich über die Schwelle zurückzudrängen und die Grenze „dichtzumachen".

Wenn etwas geschieht, das man nicht unter Kontrolle hat, entsteht Abwehr. Das Ich wehrt sich gegen seine Verwandlung, während das Nicht–Ich genau daran arbeitet.

Der Kampf der Seiten/Teile

Das Ich versucht, standhaft zu bleiben, während das Nicht–Ich die bisherige Identität untergräbt. Der Mensch befindet sich nun im Konflikt verschiedener Anteile seiner Persönlichkeit. Dieser innere Kampf beschäftigt, fesselt, lähmt, erschöpft ihn oder im Extremfall sogar zerbricht er sogar daran.

Ein alltägliches Beispiel für die Auseinandersetzung innerer Seiten könnte lauten: „Soll ich heute abend ausgehen, oder soll ich zu Hause bleiben und mir ein Bad einlaufen lassen?" Die eine Seite will etwas erleben, die andere Seite will es sich gemütlich machen.

Solch eine einfache Situation wird nicht unbedingt problematisch erlebt. Schwierig dagegen wird es für Menschen, die sich grundsätzlich nicht entscheiden können. Diese sind oft zwischen ihren eigenen Wünschen und den Erwartungen anderer hin und her gerissen. Das Ergebnis kann eine Art Lähmung sein. Man tut einfach nichts.

Man stelle sich einen ängstlichen Menschen vor, der sich durch ungerechtfertigte Angriffe in seiner Würde verletzt fühlt. Seine verletzte Seite mag wütend oder aggressiv reagieren und ihn innerlich aufwühlen. Trotzdem wird er schweigen und den Vorfall überspielen, denn er hat Angst vor Konfrontation. Er wird sich selbst einreden, die Sache sei nicht so wichtig, und sich wundern, dass er nicht schlafen kann. Was ihn nicht schlafen lässt, ist der verletzte Teil, der nicht schlafen, sondern in den Kampf ziehen will.

Es gibt Menschen, die eifersüchtig sind und es nicht sein wollen. Wer so eine Situation einmal erlebt hat, kann die Worte einer Klientin verstehen, die darunter leidet, Mordfantasien gegen ihre Rivalin zu entwickeln. *„Ich versuche es, aber ich komme nicht gegen mich an. Ich mag diese Gefühle und Gedanken nicht, aber sie kommen immer wieder. Je weiter ich sie wegschiebe, desto heftiger fallen sie mich an."*

Probleme haben

Wenn Menschen unter dem Kampf der verschiedenen Teile und Seiten ihrer Persönlichkeit leiden, haben sie ein Problem mit sich selbst, denn ein Problem zu haben, bedeutet immer, zwischen Teilen „eingespannt" zu sein, die in verschiedene Richtungen ziehen.

Menschen beschreiben ihre Probleme dementsprechend: „Ich fühle mich hin und her gerissen ... auf der einen Seite möchte ich, aber andererseits ...". Eine Frau litt zum wiederholten Mal unter dem abrupten Ende einer Beziehung. In der Beratung erklärte sie, ein Problem zu haben, bei dessen Lösung wir ihr helfen sollten.

23

„Was ist Ihr Problem?", fragten wir.

„Ich bin traurig", war ihre Antwort.

„Was ist daran problematisch?", wollten wir wissen.

„Ich fühle mich so niedergeschlagen und hilflos. Ich möchte viel lieber Hoffnung haben, dass es einen anderen Partner für mich gibt", sagte sie.

„Das ist wirklich ein Problem. Traurig sein und es nicht sein wollen", bemerkten wir.

Daraufhin brach die Frau in Tränen aus und begann von den Enttäuschungen zu erzählen, die sie in den vergangenen Partnerschaften erlebt hatte. Nach einer ganzen Weile sprach sie dann über ihre Erwartungen, darüber, wie sie sich eine Beziehung vorstellte. Sie schilderte ihre vielfältigen Ängste in Beziehungen und sagte schließlich:

„Es ist wohl tatsächlich so, dass ich kindliche Erwartungen an meine Partner habe. Sie sollen immer für mich da sein und mir jeden Wunsch von den Augen ablesen. Wenn sie das nicht können, bin ich sauer und werde aggressiv; und das treibt die Männer weg von mir."

Diese Erkenntnis reichte wesentlich tiefer als ihr hoffnungsloser Versuch, hoffnungsvoll zu sein. Was würde es auch nutzen, zwar einen neuen Partner zu finden und dann von Neuem das gleiche Verhalten zu zeigen? Wichtiger ist es, traurig zu sein und dem Inneren Kind [1] zu begegnen, das mit seinen Glückserwartungen derart massiv in Beziehungen eingreift. Das Problem der Frau bestand also nicht darin, traurig zu sein, sondern im Versuch, es *nicht* zu sein.

Probleme offenbaren stets eine Seite der Persönlichkeit, mit der man sich schwertut. Sie zu haben, offenbart allerdings auch positive Aspekte, wie das Beispiel eines Klienten zeigt, der darüber klagte, zu schüchtern zu sein.

„Zu schüchtern wozu?" wollten wir wissen.

„Um mich in der Firma durchzusetzen. Ich komme nicht gegen die anderen an."

„Seien Sie schüchtern!", forderten wir den Mann auf.

Nach einigen Sitzungen kam heraus, dass der Mann überhaupt nicht in diesem Beruf, einem Handwerksberuf, arbeiten wollte und er diesen nur ergriffen hatte, weil seine Familie es erwartete. Im Grunde war er viel zu sensibel für diese Arbeit und die raue Atmosphäre, die dort herrschte.

Sensibel sein ist kein Problem. Sensibel sein und es nicht sein wollen, das ist tatsächlich problematisch. Ärgerlich sein und es nicht

---

[1] Zum Thema 'Inneres Kind' siehe Mary 'Begegnungen mit dem Inneren Kind'.

sein zu wollen, ist ein Problem. Es bedeutet, im Kampf mit sich selbst zu liegen. Einen Partner lieben wollen, der längst gleichgültig geworden ist, stellt ein wahrhaft großes Problem dar. Klein sein und groß sein wollen, ist mehr als problematisch.

Ein Problem besteht in den meisten Fällen darin, etwas zu sein, was man nicht sein will, etwas zu erleben, was man nicht erleben will, etwas zu fühlen, was man nicht fühlen will – oder auch, etwas nicht zu sein, was man gern sein will, etwas haben zu wollen, das man nicht hat, oder jemand sein zu wollen, der man nicht ist.

Probleme gelangen ins Bewusstsein, wenn die innere Trennung, die lange Zeit unbemerkt bleiben kann, sichtbar, fühlbar, hörbar oder auf andere Weise wahrnehmbar wird, wenn also der innere Kampf offen und wahrnehmbar ausbricht.

Doch eigentlich ist es kein Problem, Probleme zu haben. Das Problem mit den Problemen besteht in den allermeisten Fällen darin, sie nicht haben zu wollen, sie loswerden zu wollen, bevor ihre Botschaft verstanden ist.

Während wir so viel über Probleme schreiben, fällt uns etwas auf: Wenn wir noch öfter das Wort Problem benutzen, bekommen wir ein Problem damit. Vielleicht wäre es grundsätzlich besser, andere Worte für den inneren Kampf zu wählen, beispielsweise Spannung, Konflikt, Herausforderung, Aufgabe oder auch Chance.

Probleme tragen ihre Lösung in sich

Wahrscheinlich ist dem Leser bzw. der Leserin längst klar, dass Probleme auch Chancen sind, denn es gibt in ihnen etwas zu entdecken. Etwas, das auch zum Selbst gehört und mit dem man im Streit liegt – die andere Seite der Persönlichkeit, der Bereich jenseits der Grenze, das Nicht–Ich.

Diese Seite hat das Problem entstehen lassen; und wenn sie verschwinden würde, wäre kein Problem mehr da. Aber sie verschwindet nicht, sie bleibt und macht sich beharrlich bemerkbar. Die Ursache der Störung liegt in einem selbst, es ist jener Teil, der Erweiterung sucht, der die Absicht hat, die starre Identifikation aufzuweichen oder aufzubrechen. Dies bedeutet:

Die meisten Probleme tragen ihre Lösungen in sich.

Die folgenden Beispiele machen dies deutlich. Eine überaus hilfsbereite und deshalb von den Menschen gemochte und gern in Anspruch genommene Frau klagt: *„Ich leide unter Migräne und habe* schon alles Mögliche versucht, von autogenem Training über Tabletten bis hin zu Akupunktur. *Können Sie mir helfen?"*

In der anschließenden Arbeit mit der Frau entdeckt sie zwei Seiten ihrer Persönlichkeit. Die eine Seite ist ihre normale Identifikation, die andere Seite ein Schmerzmacher. Was hält das Ich, also die Fragestellerin, von der folgenden Aussage der Schmerzmacherin, die für die Migräne verantwortlich ist: *„Hör endlich auf damit, ständig an andere zu denken, dir Sorgen um andere zu machen, es allen recht machen zu wollen. Kümmere dich mehr um dich, um deine eigenen Bedürfnisse – sonst werde ich dich zerquetschen!"*

Betrachten wir die beiden Seiten der Problemsituation:

die eine Seite	die andere Seite
Ich–sein	Nicht–Ich–sein
Migräne erleiden	Schmerzen bereiten
sich aufopfern	egoistisch sein
bleiben wollen, wer man ist	jemand anderes werden wollen

Deutlich offenbart das Problem seine innewohnende Lösung. Sie lautet: „Werde egoistischer, sonst mache ich dir weiter Schmerzen!" Ein sich aufopfernder Teil wird von einem egoistischen Teil regelrecht gepresst; der körperliche Druck der Migräne ist durch den psychischen Druck verursacht, den ein rebellischer Teil ausübt, dem es einfach zu mühsam wird, sich so sehr um andere zu kümmern.

Ein weiteres Beispiel dafür, wie sich eine Lösung im Problem selbst zeigt: Eine Frau wird von ihrem Mann verlassen und erlebt daraufhin Gefühle der Traurigkeit und vor allem der Hilflosigkeit. In dieser Lage erkennt sie die Vorgeschichte der Trennung:

„Bei uns war alles ganz einfach. Ich habe bestimmt, was zu tun ist, und mein Mann hat es dann gemacht. Ich hatte geglaubt, man könne alles machen, wenn man es nur energisch genug macht. Im Grunde habe ich ihn gezwungen, meinen Lebensstil anzunehmen, meine Hobbys und auch dazu, mit mir zu schlafen. Ich war sicher zu wissen, wie es laufen muss, und das habe ich dann durchgesetzt."

Nun allerdings ist die Sicherheit dahin, und die Frau erlebt Hilflosigkeit – einen Zustand, dem sie in Gestalt ihres Mannes schon in der Partnerschaft begegnete, damals jedoch nicht ertragen konnte und auch heute noch nicht ertragen kann.

Die Frau soll offensichtlich lernen, auch hilflos zu sein, und damit aufhören, alles bestimmen zu wollen. Hätte sie in der Partnerschaft öfter einmal hilflos sein können und nicht alles bestimmen wollen, wäre vieles anders gelaufen. Aber da sie Hilflosigkeit nicht ertragen kann, weder ihre noch die ihres Mannes (die Gründe liegen in der Kindheit), kämpft sie mit aufgesetzter Sicherheit nicht nur gegen den Partner, sondern auch gegen sich selbst.

Die Lösung ihres Problems liegt nun offen. Sie lautet: „Gib zu, dass du nicht alles weißt, zeige auch einmal, dass du Hilfe brauchst, dann ist mehr Platz für die Menschen in deiner Nähe!"

Die eine Seite	*Die andere Seite*
Ich–sein	Nicht–Ich–sein
bestimmt sein	hilflos sein
selbstsicher scheinen	nicht wissen dürfen
bleiben, wer man ist	sich verändern

Es ist zweifellos schmerzhaft, auf solche Weise zu lernen, und nicht jedem mag einleuchten, dass eine Lösung auf diesem Weg geschehen soll. Mancher würde sagen, es wäre eine Lösung, wenn der Mann zurückkäme. Doch dann ginge alles von vorn los. Das Problem der Frau ist ihr Kampf gegen Hilflosigkeit, und erst wenn das gelöst ist, wird ein Mann gerne mit ihr leben.

Die Lösung liegt oft auf der Hand, wie in diesem Beispiel und im vorangegangenen Beispiel mit der Migräne. Aber das bedeutet nicht, dass die Lösung einfach zu erreichen ist.

Wie wird das Ich mit der klaren und eindeutigen Anweisung des Schmerzmachers umgehen? Wie lange wird es dauern, die Lektion „Kümmere dich um deine Bedürfnisse" zu lernen? Wie lange wird der innere Kampf toben, bis das alte, sich aufopfernde Ich sich in ein neues, selbstbewussteres Ich verwandelt hat? Wie lange wird es dauern, bis die verdrängten Bedürfnisse in das Bewusstsein und darüber hinaus in das Alltagsleben integriert sind? Bis es o. k. ist, hilflos zu sein und nicht zu wissen?

Integration – Probleme lösen

Probleme lösen meint in der Regel, abgespaltene Seiten des Selbst in das Ganze (das Wort Selbst bedeutet: das Unteilbare) zu integrieren.

Die Zeitdauer einer solchen Integration lässt sich nicht im Voraus bestimmen, weil man nicht weiß, welche Seiten der Persönlichkeit integriert werden wollen und wie der Weg dieser Integration letztlich aussieht. Ein Behandlungsprogramm lässt sich nicht im Voraus entwerfen.

In seinen Problemen ist man sich selbst ausgeliefert. Man ist Opfer einer Seite von sich und machtlos im Versuch, diese Seite zu

ignorieren oder zu besiegen. Gegen sich selbst kann man nicht gewinnen, denn egal, welche Seite den inneren Kampf für sich entscheiden würde – es gäbe immer einen Verlierer.

Probleme lösen sich in den meisten Fällen nicht durch Kampf,
sondern durch Integration. Auch das gehört zur besonderen
Faszination von Problemen.

Die Lösung eines Problems besteht nun darin, *auch* das zu sein, was
man nicht sein will, *auch* das zu fühlen, was man nicht fühlen will,
auch das zu tun, was man nicht tun will – also in der Integration des
Abgelehnten, des Fremden, des Angstauslösenden, des
Faszinierenden.

Menschen, die solch einen Integrationsprozess durchlaufen, erleben
das neue Ich als Bereicherung ihres Lebens, auch wenn sie das vorher
anders beurteilten.

Einer unserer Klienten erlitt einen Herzinfarkt. Zu Beginn belastete
ihn dieser Vorfall stark, er konfrontierte ihn mit Unsicherheit und
teilweise heftigen Ängsten. Drei Jahre später denkt er folgendermaßen
darüber:

*„Mein Leben hat sich verändert. Es ist ruhiger und friedlicher ge-
worden. Ich kann zwar vieles nicht mehr machen, was früher selbstverständlich war, dafür habe ich Freude an Dingen gewonnen, die ich
damals gar nicht wahrgenommen habe.“*

Es mag schwerfallen, einen Herzinfarkt als Ausdruck der menschlichen Selbststeuerung anzusehen, aber es ist in jedem Falle sinnvoll.
Wem es gelingt, der wird etwas finden, das sein Leben runder macht.

Sogar extreme Vorfälle, in denen das Ich bis an die Grenzen seiner
Vorstellungskraft gelangt, beinhalten positive Seiten. Vor einigen
Jahren sahen wir in einer Talkshow einen jungen Mann, der bei einem
Besuch des Münchener Oktoberfestes durch ein Bombenattentat beide
Beine verlor. Das ist ein tragisches und sehr gravierendes Ereignis.
Doch der junge Mann wirkte ganz und gar nicht unglücklich. Im
Gegenteil, betonte er, *„eigentlich hat mein Leben damals erst richtig
angefangen.“*

Was hat der junge Mann gefunden? Vielleicht ein Gefühl für den
Wert des Lebens, das er vor seinem Unfall nicht hatte, oder eine
Dankbarkeit dafür zu leben, die er vorher nicht empfinden konnte?

Manchen Menschen geschehen Dinge, die sie in Kontakt mit dem
Wunsch zu sterben bringen. Wenn das Leben zur Qual wird, beispielsweise weil die Schmerzen einer chronischen Erkrankung schier
unerträglich werden, kann die Integration darin bestehen, das Leben
loszulassen. Auch diese Sehnsucht entzieht sich einer einfachen oder

plumpen Bewertung vonseiten des Ich. Der eine Kranke mag sich den Tod wünschen, während ein anderer „trotzdem" weiterleben will.

Auch in Extremfällen nutzt es auf Dauer wenig, das, was geschehen ist, abzulehnen, ungeschehen machen zu wollen oder mit dem Schicksal zu hadern.

> *Die sinnvollste Frage, deren Antwort irgendwann im Laufe des Integrationsprozesses entsteht, lautet: „Womit komme ich durch das Ereignis in Kontakt? In wen verwandelt es mich? Wer werde ich dadurch? Und wie kann ich dieser/dieses sein?"*

Worin im konkreten Fall eine Integration auch bestehen mag, sie erfordert den Mut, die Schwelle, die Grenze, den Graben, die Mauer zwischen Ich und Nicht–Ich zu überqueren.

Es gibt viele Möglichkeiten, das zu tun. In bestimmten Situationen nehmen Menschen einen Anlauf und springen über den Graben. Sie besiegen ihre Angst. Andere schreiten langsam und bewusst über die Schwelle. Sie haben vielleicht lange davor gewartet und die Entwicklung beobachtet. Schließlich sind sie zu der Erkenntnis gekommen, dass es keinen anderen Weg gibt als den, durch die Angst zu gehen. Wieder andere fliegen einfach über die Mauer hinweg, beispielsweise indem sie sich verlieben. Diese Gefühle können die Kraft verleihen, das Alte hinter sich zu lassen. Dann gibt es Menschen, die reißen die Mauer ein, indem sie eine Beziehung „niederkämpfen" und genügend Aggression entwickeln, um die Trennung durchzuführen.

Manche handeln gar nicht, lassen die Dinge sich entwickeln und das Nicht–Ich seine subversive Arbeit tun. Dann können anfängliche Symptome chronische Krankheiten werden. Oder Sehnsüchte können sich in Süchte verwandeln, die jede Vernunft wegspülen. Denn worin im konkreten Fall die Integration auch besteht – wenn eine Erweiterung des Ich notwendig ist, wird sie auch geschehen. Das Nicht–Ich wird das Ich auf die andere Seite ziehen, von hinten drücken, es verführen oder im Schlaf überraschen.

Es ist dem „Unfallmacher" ganz gleich, ob der Leistungssportler seine Meniskusverletzung annimmt oder nicht. In jedem Falle stellt er den Sportler ruhig. Es ist dem Teil, der sich nach Frieden sehnt und der sich möglicherweise im Herzinfarkt bemerkbar macht, völlig gleich, ob der Herzkranke sein Schicksal annimmt. In jedem Fall schränkt er ihn ein und zwingt ihn zur Langsamkeit. Es ist dem Traum egal, was der Träumer davon hält. Wenn das Ich nicht einsehen will, dass beispielsweise eine sexuelle Unzufriedenheit besteht, wird das Nicht–Ich Träume der Begierde entstehen lassen. Auf die eine oder die andere Weise, früher oder später muss man die Grenze passieren.

Doch gibt es zwei unterschiedliche Arten, über die Grenze zu gelangen. Entweder wird man durch das Nicht-Ich dazu gezwungen, oder man erkennen die Notwendigkeit des Grenzübertritts an und geht freiwillig – trotz aller Ängste..

Wenn eine Veränderung ohne bewusstes Dazutun geschieht oder erzwungen wird, kann man vom Wirken der Selbststeuerung sprechen. Wenn der Vorgang der Erweiterung unterstützt wird, zeigt die Selbsterforschung ihre Wirkung.

Erzwungene Erweiterung

Vielleicht fällt es manchem Leser schwer, sich vorzustellen, dass Menschen sich selbst auf die beschriebene, manchmal extreme Weise zu Veränderungen zwingen. Wir können diese Skepsis verstehen und wollen nicht einfach behaupten, „dass es so ist". Wir sind nicht an Recht–Haben interessiert und verlangen nicht, dass jemand unsere Meinung übernimmt. Und doch hat sich diese Art der Betrachtung in der Praxis als sinnvoll erwiesen – aus verschiedenen Gründen.

Ein Grund besteht in der Beobachtung, dass störende Symptome oft verschwinden, wenn sie nicht als etwas Fremdes, sondern als Teil des Selbst betrachtet werden, und wenn es gelingt, die sie produzierenden Anteile zu integrieren. Ein weiterer Grund besteht darin, dass das Annehmen unabänderlicher Dinge das Leben leichter macht. Wenn man beispielsweise eine Krankheit nicht heilen kann, ist es besser, sie anzunehmen und sich mit ihr zu versöhnen.

Man muss nicht an Selbststeuerung glauben, aber diese Art der Betrachtung hat einen wesentlichen Vorteil: Sie funktioniert! Lassen Sie uns das Wirken von Selbststeuerung anhand einer kleinen Metapher veranschaulichen.

Es lebte einmal... ein Mensch, der in einem sehr großen Haus wohnte. Vor dem Haus waren ein kleiner Vorgarten und dahinter ein sehr viel größerer Hintergarten. Die Zimmer zum Vorgarten zeigten nach Süden. Weil von dort mehr Licht durch die Fenster fiel und ihm die Zimmer besonders gefielen, lebte der Mensch vorwiegend in den Südzimmern und hielt sich oft im Vorgarten auf. Da die Nachbarn an seinem Vorgarten vorbeikamen, pflegte er diesen besonders, was ihm hohe Anerkennung eintrug.

So vergingen Monate und Jahre in Frieden und Komfort, bis es eines Wintertages eigenartig kalt im Haus wurde. Der Mensch stellte fest, dass die Heizung ausgefallen war. Das war unangenehm und ein Problem, denn es war beim besten Willen kein Klempner aufzutreiben. Da unser Mensch von Heizungen wenig verstand, entschied er, sich nun etwas intensiver mit dem Thema zu befassen.

Als Erstes suchte er die Baupläne. Diese zeigten, dass sich die Heizung in einem Schuppen am Ende des Hintergartens befand. Also musste er dorthin, in den nördlichen Bereich seines Besitzes. Er öffnete Türen, die lange nicht geöffnet worden waren, und ging durch Räume, die er selten betreten hatte. Schließlich stand er vor der Gartentür und versuchte, diese zu öffnen. Die Tür klemmte, denn sie war aufgequollen und von Ranken und anderen Gewächsen überwuchert.

31

Die Sache versprach sehr aufwendig zu werden. Der Mensch sagte sich, es sei eigentlich gar nicht so kalt, dass sich der ganze Aufwand lohne. Er ging zurück und versuchte es mit warmen Decken, aber das funktionierte nur eine Weile, denn er musste aufstehen und sich bewegen können. Schließlich wurde die Kälte zu groß, und der Mensch gab sich einen Ruck. Er stemmte die Gartentür auf, bahnte sich einen Weg durch das Gestrüpp und Dickicht, stach sich an Dornen und fand nach längerem Suchen und größeren Mühen den Heizungsschuppen. Dort angekommen, studierte er die Gebrauchsanleitung und prüfte die verschiedenen Systeme der Heizung. Schließlich wurde ihm klar, dass es der Heizung an Wasser fehlte. Das Wasser kam aus einem Brunnen hinter dem Schuppen. Als er die Abdeckung des Brunnens öffnete, sah er, dass der Brunnen teilweise eingestürzt war.

Nun wurden ihm die Zusammenhänge klar, und er wusste, was er zu tun hatte. Er schaufelte den Brunnen frei, spülte die Rohre mit klarem Wasser, füllte Wasser in die Heizung nach und setzte sie wieder in Betrieb. Sein Haus wurde wieder warm.

Als er es sich wieder in den Südzimmern gemütlich machen wollte, schienen diese verändert zu sein. Sie wirkten nicht mehr so anziehend, eher etwas beengt. Er dachte daran, wie groß sein Haus war und was er an diesem Tag alles erlebt hatte. Gebäude und Grundstück waren durch die Ereignisse sehr viel mehr „sein" geworden; und er hatte im hinteren Bereich, weitab von Nachbarn und Straße, eine Stille bemerkt, die ihn sehr beeindruckte.

Von da an hielt er sich öfter im hinteren Bereich auf, was dazu führte, dass er den Vorgarten nicht mehr so intensiv pflegte und die Nachbarn manch missbilligenden Blick darauf warfen. Aber das war ihm gleich – er fühlt sich wohl bei sich.

So weit die Metapher. War der Ausfall der Heizung, durch den der Mensch gezwungen wurde, sein ganzes Haus kennenzulernen, nun ein Problem oder ein Segen? War es ein Fehler oder Selbststeuerung in Aktion? Es war es am Anfang ein Problem und am Ende ein Segen.

Übersetzen wir diese Geschichte in die Sprache der Psychologen. Vorgarten und südliche Räume stellen die Identifikation des Menschen dar. Dort wohnt sein Ich, in das auch die Nachbarn Einblick haben. Alles ist gut; und die Jahre vergehen. Dann jedoch wird dieses gewohnte Leben gestört – von einer Kälte, die ihren Ursprung irgendwo im Nicht–Ich, im nördlichen Bereich hat. Nachdem der Versuch, mittels warmer Decken die Störung zu ignorieren, fehlschlägt und die Kälte echtes Leid verursacht, ist der Mensch gezwungen, sich mit dem jenseitigen Bereich zu befassen.

Auf seinem Weg muss er jedoch eine ganze Reihe von Grenzen und Schwellen passieren. Die Gartentür aufstemmen, das Dickicht lichten, den Brunnen reparieren. Er erlebt Gefühle, macht Erfahrungen und hat gewann Erkenntnisse. Durch diese Vorgänge werden ihm die Zusammenhänge des Hauses deutlicher, er entdeckt schöne Winkel und stille Bereiche. Sein Ich erweitert sich. Heute würde er nicht mehr sagen: „Ich lebe im Südbereich", sondern „Ich belebe mein ganzes Haus".

Natürlich hätten ihn auch andere Ereignisse in den Norden bringen können. Beispielsweise wenn er sich im Vorgarten gelangweilt hätte, wenn ein Auto dort hineingerast wäre, wenn der Rasen dort vertrocknet wäre, wenn ihm die Nachbarn zu nahe gerückt wären, wenn Einbrecher sich dort zu schaffen gemacht hätten.

Irgendetwas drückt, zieht, treibt immer. Nach irgendetwas sehnt man sich. Deshalb kann man nicht bleiben, wo und was man ist. Selbstregulation ist ein faszinierender Mechanismus, der seltsame Wege geht, wie ein weiteres Praxisbeispiel zeigt.

Ein junger Mann entwickelt die heftige Angst, Krebs zu bekommen. Obwohl ärztliche Untersuchungen bescheinigen, dass er nicht an Krebs leidet, verschwindet das Symptom Krebsangst nicht. Was steckt dahinter? Wir fragen ihn, wie er sich die Entwicklung von Krebs vorstellt, und er beschreibt *„einen Haufen wildgewordener Zellen, die im Bauch wuchern und alles zerstören, was ihnen begegnet"*.

Wir fordern ihn nun auf, seine normale Identität zu verlassen und sich in eine Krebszelle zu verwandeln. Nach anfänglichem Zögern entwickelt er ein bemerkenswertes Vergnügen an dieser Gestalt. *„Als Krebszelle sind mir die anderen völlig gleichgültig. Ich fresse mich voll und durch und bewege mich dahin, wo ich es will. Ich bin brutal, gierig und unkontrollierbar, und das Beste ist, niemand kann mich vernichten!"*

Die Krebszelle verfügt über eine Fähigkeit, die dem mit „Anpassung" identifizierten Ich nicht zur Verfügung steht. Die Krebszelle steht für den rebellischen Teil des jungen Mannes, sie kann sich auflehnen. Durch das Symptom Krebsangst bringt die Selbststeuerung diesen rebellischen Teil zum Vorschein und fordert das Ich auf, rebellischer und egoistischer zu werden. So kreativ wirkt Selbststeuerung!

Entwicklungen unterstützen

Entwicklungen werden leichter, wenn ihnen zugestimmt wird. Das ist ein hoher Anspruch, dem man in dieser absoluten Form nur selten gerecht werden kann, weil man keine oder nur wenig Kontrolle über eine Entwicklung hat. Weil man nicht weiß, wie das Ganze ausgehen wird. Weil man Angst bekommt.

Dieser Angst auslösende Aspekt sorgt für Abstand von den neuen und unbekannten Dingen. Die Integration abgetrennter Teile erfordert aber gerade das Gegenteil: die Dinge näherkommen zu lassen oder sich den Dingen zu nähern.

Eine Definition von Selbsterforschung lautet demnach „ferne Dinge bewusst näherkommen lassen".

Was diesen Vorgang des „Näher–Herangehens" erschwert, ist die Tatsache, dass das Ich eine Menge Bewertungen und gute Gründe vorbringen kann, warum bestimmte Dinge fern bleiben sollten. „Ich soll Schwäche näher kommen lassen? Ich soll einsehen, dass ich nicht perfekt bin? Ich soll mich Auseinandersetzungen stellen? Wozu denn? Das kann doch nur schiefgehen! Das alles liegt mir fern!"

Alle Fähigkeiten nutzen

Wozu also Selbsterforschung? Weil ein Problem gelöst werden will, weil in bestimmten Situationen neue Fähigkeiten gebraucht werden, weil man in solchen Situationen andere Qualitäten braucht, weil diese Fähigkeiten im Nicht–Ich liegen. Wer ein Problem hat, der befindet sich in einer solchen Situation.

Wenn das Ich „mutig" ist, liegt im Nicht–Ich die Fähigkeit der Feigheit. Die kann man gut gebrauchen, wenn einem ein Dutzend Schläger die Straße versperren. Dann wäre es gut, die Beine unter die Arme zu nehmen, doch so etwas liegt dem Mutigen fern. Ein Feigling braucht nicht zu kämpfen, er kann gut ausweichen. Der Mutige aber hat in dieser Situation ein echtes Problem.

Wenn das Ich „starr" ist, liegt Nachgiebigkeit jenseits der Grenze. Aber man braucht diese Qualität, um dem Zwang zur Perfektion zu entkommen und gnädig mit sich und anderen Menschen umzugehen – sonst isoliert man sich. Ein „Weichling" kann sich vielleicht nicht so gut durchsetzen, aber er kann vergeben und gut mit Menschen zusammenleben. Der Starre hat leicht Beziehungsprobleme und wird gemieden.

Man sagt: „Jemand ist faul", man kann es aber auch so sehen, dass er die Fähigkeit hat, „es sich gut gehen zu lassen". Anstatt zu sagen, jemand sei „ein Versager", könnte man sagen: „Er ist mit dem zufrieden, was er hat". Selbst zu lügen kann manchmal sehr sinnvoll sein. Ich erinnere mich an eine Verkäuferin aus einem meiner Managementseminare (Mary), von der ein Räuber mit vorgehaltener Pistole den Inhalt der Kasse forderte. Sie schrie den Mann an: *„Es ist* *zu früh, wir haben noch kein Geld!"*, woraufhin der verstört das Weite suchte.

Es ist alles eine Frage der Situation und des Standpunktes. Jedes Verhalten kann als Unfähigkeit oder als das Gegenteil, als Fähigkeit, beschrieben werden. Es ist der Kontext, in dem ein Verhalten vorkommt, der über Sinn oder Unsinn entscheidet.

> *Jedes Verhalten, jedes Gefühl, jeder Gedanke hat seine Berechtigung. Vielleicht hilft diese Sichtweise dem Ich, sich den Dingen zu nähern, die es ablehnt und die es doch so dringend bräuchte, um seine Probleme zu lösen.*

Wer die Veränderung und die Erweiterung seines Lebenshorizontes unterstützen will, wer Selbsterforschung praktizieren will, muss nach allem bisher Geschilderten, zweierlei tun. Zum einen Fernes nah kommen lassen und zum anderen Unbewusstes bewusst werden lassen. Da die Begriffspaare „nah/fern" und „bewusst/unbewusst" nicht identisch sind, wir sie aber in der Beschreibung der praktischen Arbeit oft gebrauchen werden, wollen wir sie erläutern.

Nah und fern

Wenn das „Ich" der Bereich Haus und Garten ist, gehört alles jenseits des Zaunes, jenseits der Grenze zum „Nicht–Ich". Die Vorgänge, Ereignisse, Entwicklungen, Gefühle und Gedanken jenseits davon sind fern.

Einiges ist weniger fern – jemand könnte sich beispielsweise vorstellen, einen Menschen zu schlagen, der ihn bedroht, obwohl Schlagen normalerweise nicht zu seiner Selbstvorstellung gehört. Andere Dinge sind dagegen sehr fern – beispielsweise kann sich mancher nicht vorstellen, unter einer Brücke zu leben oder betteln zu gehen. Eher würde er sich umbringen.

> *Unsere Definition von nah lautet also „dem Ich nahe stehend" und von fern „vom Ich entfernt".*

Bewusst und unbewusst

Doch nicht alle Dinge, die nah liegen, sind automatisch auch bewusst. Beispielsweise weiß ich nicht, was unmittelbar hinter meinem Rücken geschieht, obwohl es nah ist. Vielleicht habe ich einen Eimer dort abgestellt und falle beim Umdrehen darüber.

Ein Mensch könnte sagen: „Ich bin völlig erschöpft" und doch verbissen weiterarbeiten. Dann ist er entgegen seinen Worten nicht mit „Erschöpftsein", sondern mit „Arbeiten" identifiziert. „Erschöpftsein" ist tatsächlich unbewusst, obwohl es so nah liegt, dass ein Zusammenbruch kurz bevorsteht.

Weil nahe Dinge nicht bewusst sein müssen, nehmen andere Menschen sie manchmal eher wahr als man selbst. Jemand sagt: „Du siehst traurig aus", und erst in diesem Moment wird einem das Gefühl bewusst, obwohl „das Wasser bereits in den Augen" stand.

Unsere Definition von bewusst lautet „in der Aufmerksamkeit", von unbewusst „außerhalb der Aufmerksamkeit".

Das Bewusste ist ein relativ kleiner Bereich des Selbst. Wir können nur wenige Dinge gleichzeitig in ihm festhalten, selbst wenn diese Dinge nah sind. Ich kenne mein Haus und kenne mich darin aus. Trotzdem kann ich mir doert den Kopf an einem Balken stoßen.

Nah und bewusst/fern und unbewusst

Im Normalfall sind bestimmte Teile oder Seiten allerdings gleichzeitig fern und unbewusst; und sie werden bewusster, sobald sie näherrücken.

Als Beispiel mag ein junger Mann dienen, der mir (Nordholt) bei der ersten Begrüßung mit seinem festen Händedruck fast die Hand quetschte. Ich dachte mir, dass ihm diese Kraft unbewusst sein müsse. Tatsächlich sprach er davon, sein Problem sei Schwäche und fehlende Durchsetzungskraft. Ich fragte ihn daraufhin, wer mir die Hand gequetscht habe. Seine Entschuldigung lehnte ich ab. Wer war das? Das kann unmöglich der schwache Hans gewesen sein. Der Mann brauchte eine ganze Weile, bis er einsehen konnte, tatsächlich Stärke zu haben. Im ersten Schritt wurde ihm die Stärke des Händedrucks bewusst, dann rückte Kraft als zu ihm gehörende Eigenschaft langsam näher. Selbstverständlich war der Prozess der Integration von Stärke ins Alltagsleben damit nicht abgeschlossen, aber die Integration von Stärke ins Bewusstsein hatte begonnen.

Unterstützen, was geschieht

In der Selbsterforschung und beim Umgang mit den Begriffen nah, fern, bewusst und unbewusst muss man beachten, dass dies keine absoluten, sondern relative Begriffe sind. Sie bedeuten immer Nähe oder Abstand zum Ich oder zur Aufmerksamkeit. Das Ich kann seinen Standpunkt verändern, und die Aufmerksamkeit kann sich etwas anderem zuwenden.

Will man mit den Symptomen der Selbststeuerung umgehen, ist es meist hilfreich, Dinge nicht mit Gewalt nah und bewusst bekommen zu wollen. Vielmehr ist Behutsamkeit und Respekt gefordert, denn wer die Grenze unachtsam überschreitet, kann einen Schock erleiden. Etwa, weil etwas zu schnell nah gerückt ist oder zu früh bewusst wurde. Beispielsweise könnte mir schockartig bewusst werden, dass ich kurz davor war, aus Wut einen Menschen mit dem Auto niederzufahren. Ich wollte töten! Ich – ein potenzieller Mörder? Diese Erkenntnis kann das Ich ins Wanken bringen.

Menschen können sich plötzlich und überraschend darüber klar werden, wie sehr sie jemanden lieben, z.B. wenn derjenige sie verlässt; oder wie sehr sie jemanden hassen, etwa wenn diese Person zu nahe kommt. Sie reagieren auf solche Vorfälle mit Verunsicherung und Identitätskrisen, weil sie solche Gefühle oder Gedanken bei sich nicht für möglich hielten. Andererseits muss einiges fern werden oder sich aus der Aufmerksamkeit zurückziehen. Bliebe der Schmerz einer Trennung ständig bewusst, könnte man sich nicht auf neue Beziehungen einlassen.

In der Selbsterforschung unterstützen wir Dinge, die bereits geschehen, und versuchen nicht, mutwillig über Grenzen zu gelangen. Unbewusstheit und Entfernung haben eine wichtige Funktion. Deshalb sollte man in der Selbsterforschung niemals daran arbeiten, etwas nahe zu bringen oder bewusst zu machen, das nicht schon Thema der Selbststeuerung geworden ist.

Bevor wir näher darauf eingehen, wie sich das Wirken der Selbststeuerung erkennen und in Selbsterforschung aufgreifen lässt, müssen wir noch auf die verschiedenen Formen der Bewusstheit eingehen, die sich aus der Art menschlicher Wahrnehmung ergeben.

Wenn Menschen etwas betrachten, teilen sie das Objekt der Betrachtung auf, um es beschreiben zu können. Sie beschreiben sich selbst etwa folgendermaßen: Menschen bestehen aus Körper, Gefühlen, Verstand und Bewusstheit und haben Beziehungen zu

Menschen und zur Welt. Darüber hinaus gibt es einen Teil, der die anderen Teile wahrnimmt, der quasi „darübersteht".

Es mag dem Menschen so scheinen, als ob die einzelnen Teile nichts oder nicht viel miteinander zu tun hätten, aber – und das entdeckt mittlerweile auch die Wissenschaft – diese Teile existieren lediglich in unserer Betrachtung getrennt voneinander. Durch seine Wahrnehmung wird der Mensch aus der Ganzheit herausgelöst und in viele Teile geteilt. Diese Teilung spiegelt sich in der Sprache wider.

In Bezug auf die Selbsterforschung hat sich eine Unterscheidung von Wahrnehmungsebenen parallel zum Sprachgebrauch bewährt. Wir unterscheiden die Wahrnehmungsebenen Körper, Gefühl, Verstand, menschliche Beziehungen, Beziehung zur Welt und Bewusstsein.

Verschiedene Formen von Bewusstheit

Obwohl sich Menschen auf diesen sechs Wahrnehmungsebenen bewegen, sind diese nicht alle gleichzeitig bewusst. Je nachdem, wohin sich die Aufmerksamkeit verlagert, entstehen ein bewusster und gleichzeitig ein unbewusster Bereich. Konzentriert man sich beispielsweise auf Gefühle, treten Gedanken in den Hintergrund. Betrachtet man seine Fantasien, nimmt man sein Gegenüber undeutlicher wahr. Und ist man in intensiver Verbindung mit dem Bewussten, gewinnt man Distanz zu den anderen Wahrnehmungsebenen.

Ist die Aufmerksamkeit auf eine Wahrnehmungsebene fixiert, kommen deren Inhalte näher, und andere Ebenen rücken in die Ferne. Selbst innerhalb ein– und derselben Ebene kann etwas bewusst und anderes unbewusst sein. Beispielsweise können bestimmte Gefühle klar und andere undeutlich sein oder bestimmte Gedanken zu einem Thema überlagern die Gedanken in Bezug auf ein anderes Thema.

Da nicht alles gleichzeitig bewusst sein kann, müssen wir in der praktischen Arbeit auch zwischen verschiedenen Formen der Bewusstheit unterscheiden. Dies sind entsprechend den Wahrnehmungsebenen Körperbewusstheit, Gefühlsbewusstheit, Verstandesbewusstheit, Beziehungsbewusstheit, Weltbewusstheit und Metabewusstheit.

Mit Wahrnehmungsebenen identifiziert sein

Die Bedeutung der Wahrnehmungsebenen und der entsprechenden Bewusstheitsformen wird klar, wenn man ihre Verbindung mit der Identifikation untersucht.

Wenn jemand sagt: „Ich denke, ich sollte mehr arbeiten", richtet sich seine Aufmerksamkeit auf die Verstandesebene, er ist mit Gedanken identifiziert. Wenn er sich ein Bein bricht und hinlegen muss, ärgert ihn diese Tatsache, denn der Vorfall vollzieht sich auf der Körperebene, mit der er ja nicht identifiziert ist. Man könnte sagen: „Sein Problem besteht darin, dass er mit einer Idee identifiziert ist und nicht wahrnimmt, was in seinem Körper geschieht. Er verfügt über mehr Verstandes–, aber wenig Körperbewusstheit."

Man könnte diese Vorgänge auch so beschreiben: „Das Nicht–Ich hat als Mitteilungsebene seiner Botschaft den Körper ausgewählt, gerade weil auf dieser Ebene weniger Bewusstheit vorhanden ist, weil die Tür zum Verstand verschlossen ist und bewacht wird und die Tür zum Körper unbewacht ist."

Weil Menschen immer mit einer Ebene identifiziert sind, bekommen sie Informationen von den anderen Ebenen nur undeutlich mit. Jemand mag *wissen,* dass er müde ist, denn sein Verstand kann dies an der seit Tagen zunehmenden Konzentrationsschwäche erkennen. Wird er dann krank sagter : „Ich habe gar nicht *gespürt,* wie erschöpft ich tatsächlich bin". Erst mit der Ruhe entstand die tiefer gehende Körperbewusstheit.

Oder jemand könnte *fühlen,* dass die Trennung von seinem Partner innerlich längst vollzogen ist, aber es wäre ihm unmöglich, dies zu verstehen. „Wie kann das sein, wir waren doch so lange zusammen?" Das Gefühl ist eindeutig, aber die Verstandesbewusstheit ist nicht ausgeprägt.

Identifikation scheint sich vorwiegend auf einer bestimmten Ebene zu manifestieren. Ist jemand mit Gefühlen identifiziert, fehlt ihm oft Verstandesbewusstheit. Ist er mit Gedanken identifiziert, sind möglicherweise Bilder oder Fantasien in der Lage, seine Bewusstheit zu erweitern. Und hängt jemand in einer Beziehung fest, kommt er eventuell weiter, wenn er Vorgänge besser verstehen oder fühlen kann, also seine Verstandes– oder Gefühlsbewusstheit erweitert.

Der Übergang von einer Wahrnehmungsebene zu einer anderen ist allerdings nicht einfach zu bewerkstelligen, denn gerade hier verläuft die Grenze. Dem Verstandesmenschen fällt es nicht leicht zu fühlen, denn er hat Angst davor. Dem Gefühlsmensch mag es schwerfallen, ein klares Bild einer Situation zu bekommen und dadurch einen Überblick zu erhalten. Einem auf den Partner bezogenen Menschen mag es schwerfallen, seine eigenen Bedürfnisse wahrzunehmen, während es jemandem, der großen Abstand zu den Menschen hält, schwerfallen wird, deren Gefühle wahrzunehmen.

Ein Problem zu lösen erfordert in den meisten Fällen, die Bewusstheit auf andere Wahrnehmungsebenen auszudehnen. Das geschieht, indem man sich so lange an der Grenze aufhält, bis die Bewusstheit sich erweitert hat, bis man beispielsweise einen Gedanken entdeckt, passende Gefühle dazu gefunden oder das entsprechende Körperempfinden entwickelt hat. Das Nicht–Ich hilft, an der Grenze zu bleiben, indem es als Erscheinungsebene seiner Botschaften eine mit wenig Bewusstheit besetzte Ebene wählt und so den Kontakt mit dem herstellt, worüber man mehr erfahren soll.

Wenn man Probleme analysiert, kann man feststellen, dass Ich und Nicht–Ich in den meisten Fällen auf verschiedenen Bühnen auftreten.

Man erkennt das Wirken der Selbstregulation oft schon, wenn man folgende Fragen beantwortet: Wo ist das Ich – auf welcher Ebene liegt eine Identifikation? Wo geschieht etwas, das nicht zum Ich gehört – und auf welcher Ebene geschieht es?

Diese Fragen eignen sich dazu, das Licht der Aufmerksamkeit auf die nicht von Bewusstheit beleuchteten Wahrnehmungsebenen zu bringen. Beispielsweise halfen sie einer Frau, die die Beziehung zu ihrem Geliebten abbrechen wollte, weil ihre Ehe dadurch gefährdet war, der es aber nicht gelang, diesen Vorsatz durchzuführen. Das Ich trat auf der Verstandesbühne auf („Sei vernünftig, sonst wirst du deinen Mann verlieren"). Das Nicht–Ich benutzte hingegen die Körperebene (Erotik, verschmelzen) und war in seinem starken Drang nach „Spüren" und „Nähe" nicht zu kontrollieren. Als sie sich der Bedeutung des Fühlens in ihrem Leben bewusster wurde, entschied sich die Frau, den Geliebten nicht aufzugeben, selbst wenn die Ehe damit beendet sein sollte, weil sie „das mehr braucht als alles andere".

Menschen halten sich gern auf Ebenen auf, die von ihrem Kulturkreis bevorzugt werden. Wir westlichen Menschen sind besonders mit der Verstandesebene identifiziert. Das hat zur Folge, dass wir zu Somatisierungen neigen, die Selbststeuerung also auf der Körperebene durch Beschwerden oder Krankheiten wirksam wird.

Man kann sagen, unsere Kultur hat eine Grenze gegen den Körper aufgebaut, indem sie den Verstand bevorzugt; und wir können unser Bewusstsein und damit zugleich unseren Kulturkreis erweitern, indem wir körperlicher und gefühlsbetonter werden.

Die Entscheidung an der Grenze

Die Grenze trennt das Ich vom Nicht–Ich, daher ist sie der Ort, an dem sich entscheidet, ob eine Identitätserweiterung stattfindet.

Im Grenzbereich lokalisieren sich Probleme – und dort werden sie auch gelöst.

Hier treffen Nahes und Fernes sowie Altes und Neues aufeinander. Im Ringen bewusster und unbewusster Teile entsteht eine größere Bewusstheit auf verschiedenen Ebenen – wodurch schließlich Integration möglich wird.

Die Grenze ist ein aufregender Bereich. Dort kommt man in Kontakt mit Dingen, die man nur schwer aushält. Das Ich ruft „Weg hier!", aber die Bereitschaft zur Selbsterforschung hält die Spannung, solange es geht. Was kann ich dort über mich erfahren?

An der Grenze beginnt das Abenteuer. Hier entdeckt man die Lust auf Neues und die Sehnsucht nach einem lebendigen Leben. Hier will das Nicht–Ich zum Übertritt verlocken. Werden unsere Träume ihre Versprechen halten?

An der Grenze herrscht Unsicherheit. Wird die andere Seite mich gleichsam packen und hinüberziehen? Werde ich darin nicht mehr sein können, wer ich bin? Wie wird sich mein Leben verändern?

Das Gebiet jenseits ist dünnes Eis. Wird es mich tragen? Werde ich einbrechen, untergehen? Mein bisheriges Leben verlieren, ohne ein neues zu finden?

An der Grenze tauchen Gefühle auf, die scheinbar nicht zu mir gehören. Wie soll ich mit dieser Traurigkeit, Wut, Lust, Verzweiflung, Einsamkeit, Freude oder Angst umgehen?

An der Grenze tauchen Gedanken auf, die zu denken man bisher nicht wagte, beispielsweise „Ich bin wichtig! Das ist mein Leben! Ich bestimme selbst darüber! „ oder „Ja, es stimmt, ich brauche Liebe".

An der Grenze tauchen Fantasien und Träume auf, die verblüffen. Sexuelle Fantasien, Träume von Geborgenheit und Glück, vielleicht aber auch Albträume.

An der Grenze begegnet man rätselhaften Körperempfindungen, beispielsweise Hitze, Kälte, Zittern, Schmerzen, einem unerträglichen Jucken der Haut. Was soll man damit anfangen? Wie soll man das aushalten und wozu?

An der Grenze begegnet man Menschen, die sich streiten wollen, die lieben wollen, die ablehnen, die Erwartungen haben oder Forderungen stellen. Wird man im Kontakt mit ihnen der eigenen Wahrheit treu bleiben? Was kann man von ihnen lernen?

An der Grenze konfrontiert die Welt mit Frieden, mit Kriegen, mit Naturkatastrophen, mit Schönheit und Zerstörung. Wird man daran reifen oder daran zerbrechen?

An der Grenze gerät man in Zustände von Meditation, von Distanz, die die Angst entstehen lassen, den Kontakt zur Realität zu verlieren. Wohin mit dieser Stille? Was ist der Sinn des Lebens? Wie soll ich den Weg zurück finden?

Das sind Themen, mit denen ein Selbsterforscher konfrontiert wird. Daran kommt niemand vorbei. Wer Selbsterforschung ernst nimmt und nicht gleich bei den ersten Schwierigkeiten aufgibt, wird sich im Grenzbereich bald besser auskennen und Übung sowie Zuversicht im Umgang mit sich selbst erwerben.

Die Selbsterforschungshaltung

An der Grenze wirkt sich die Selbststeuerung aus, dort ist und war jeder stets sein eigener Therapeut – allerdings auf eine unbewusste, nicht realisierte Weise.

Wenn man mit den Vorgängen an der Grenze bewusst umgeht, kann man sich bis zu einem gewissen Grad selbst therapieren.

Durch intensive Selbsterforschung nimmt die Fähigkeit zu, mit Entwicklungen und Veränderungen, mit Körpersymptomen, Sehnsüchten und Träumen, mit Gefühlen und Beziehungen im Sinne der Selbststeuerung umzugehen. Dafür ist es notwendig:

- eine Selbsterforschungshaltung relativer Offenheit zu entwickeln, die sich durch Interesse und Neugier gegenüber dem Nicht–Ich auszeichnet,
- über Werkzeuge und Techniken zu verfügen, die den Umgang mit Erlebnissen im Grenzbereich ermöglichen, und
- Disziplin in der Arbeit mit sich selbst zu halten.

Wir haben im Laufe unserer therapeutischen Arbeit erfahren, dass Techniken oft weniger wichtig sind als die Haltung, die ein Therapeut dem Klienten und dessen Problemen gegenüber einnimmt.

Wenn jemand in Schwierigkeiten steckt, hat er häufig nur ein Ziel – er will sie loswerden. Er versucht zuerst einmal, sie nicht zu beachten. Wenn das nicht klappt, bittet er Freunde um Ratschläge in der Hoffnung, fertige Lösungen übernehmen zu können. Aber auch von guten Ratschlägen kann man meist nur wenig profitieren. Wenn Freunde überfordert sind, Bücher nicht weiterhelfen, Alkohol oder Tabletten nicht nützen, begibt man sich auf die Suche nach Ärzten oder Therapeuten, die das Problem „beseitigen" sollen.

Diese „Wegmach–Haltung" wird womöglich durch Freunde, Therapeuten und Ärzte unterstützt. Diese helfen dann dem Ich in seinem Bemühen, das Nicht–Ich zurückzudrängen und tragen womöglich ungewollt zu einer Vergrößerung der Probleme bei. Der innere Kampf geht weiter und verschärft sich.

Ein Beispiel zur Verdeutlichung: Barbara, eine 42-jährige Hausfrau, fühlt sich in ihrem Alltag von einer zunehmenden Gereiztheit gestört. Aus dem Wunsch heraus, etwas dagegen zu tun, besucht sie auf Empfehlung ihres Arztes einen Kurs in autogenem Training. Autogenes Training ist eine bewährte Entspannungsmethode, die schon vielen Menschen geholfen hat. In diesem Fall allerdings hilft es nicht. Barbaras Gereiztheit nimmt weiter zu.

Als sie uns ihr Dilemma schildert, ermutigen wir sie, „die zu sein, die sie nicht sein will" – nämlich „die gereizte Barbara". Nach einigen Sitzungen hat sie eine erstaunliche Erkenntnis. Sie schreibt in einem Brief: *„Seitdem der Lack von der frustrierten Barbara abgeht, sehe ich eine Schicht tiefer und fühle eine Wut, zu der ich erst allmählich Zugang bekomme. Hier liegt die Ursache dafür, dass ich mit autogenem Training nicht zurechtkomme: Ich will mich nämlich gar nicht entspannen, ich will mich aufregen!"*

Sie will sich aufregen über sich selbst und ihre angepasste Art zu leben. Was in diesem typischen Beispiel half, war nicht der Versuch, die Störung zu beseitigen, sondern im Gegenteil, ihr zu folgen, also die Absicht und Richtung der Selbststeuerung aufzugreifen. Es ging für Barbara nicht darum, weniger gereizt zu sein, sondern mehr gereizt zu sein und dieses Symptom zu erforschen.

Wir wollen hier nicht gegen ärztliche Behandlung auftreten. Natürlich sollte bei jeder Erkrankung auch die körperliche Seite vom Arzt untersucht werden. Aber in Selbsterforschung sollte nicht das Beseitigen, sondern das Kennenlernen der Schwierigkeiten im Vordergrund stehen, denn die Botschaft des Nicht–Ich wird erst verstehbar, wenn das Symptom, die Krankheit oder das Ereignis erfahren wird.

Das mag Menschen mit einer „Mach–weg–Haltung" paradox erscheinen. Begegnet man seinen Schwierigkeiten und Problemen jedoch offen, neugierig, interessiert und unvoreingenommen, schafft man ein Klima, das die innere Spaltung nicht zementiert, sondern Platz für eine Lösung schafft.

Wir nennen solch eine Haltung die *Selbsterforschungshaltung*. Aus ihr heraus sagt man: „Merkwürdig, was da geschieht", möglicherweise auch: „Furchtbar, was ich gerade erlebe", oder: „Interessant, was mir da passiert." Oder aber: „Womit komme ich dadurch in Kontakt? Wo mag mich das hinführen? Was will es aus mir machen?"

Zur Selbsterforschungshaltung gehören insbesondere Offenheit, Verlangsamung, Akzeptanz, Wertfreiheit, Prozesswahrnehmung, die richtige Zeit, die eigene Erfahrung und Selbstverantwortung. Wie all das hilft, das Selbst in allen seinen Aspekten und Äußerungen besser zu begreifen, wollen wir näher erläutern.

Offenheit

Ein Problem zu haben, bedeutet, etwas nicht zu verstehen, nicht zu fühlen, nicht zu sehen, nicht zu hören, nicht zu spüren, nicht zu wissen – also auf irgendeine Weise unbewusst zu sein. Würde das bisherige Wissen oder die erreichte Bewusstheit ausreichen, hätte man ja kein Problem. Es reicht also nicht, sich mit dem zufriedenzugeben, was man kennt oder glaubt zu wissen. Was die Lösung eines Problems näher bringt, ist das, *was man nicht weiß*.

Offenheit meint, neugierig wie ein Kind zu sein. Offenheit ist Nicht–Wissen, und das hilft dabei wahrzunehmen, was wirklich geschieht. Man ist ein Forscher, der entdeckt, sammelt, notiert, staunt, jeder Information Beachtung schenkt und der besonders an denjenigen Vorgängen interessiert ist, die er nicht versteht.

Offenheit bedeutet auch, auf vorgefertigte Meinungen oder Buch-wissen zu verzichten, etwa in der Art: „Kopfschmerzen = unterdrückte Sexualität" oder: „eine Spinne im Traum = Symbol für die Mutter".

Vorgegebene Antworten gehen unserer Erfahrung nach meist am Individuum vorbei und bergen die Gefahr, sich im Denken und Grübeln festzufahren, anstatt lebendige Erfahrungen zu machen.

Verlangsamung

Schnelligkeit ist ein Merkmal des Alltagsbewusstseins. Man tut etwas, ohne nachzudenken, reagiert, ohne nachzufühlen, handelt, ohne nachzusehen. Schnelligkeit bringt in der Selbsterforschung meist wenig, denn jede Form von Bewusstheit geschieht langsam.

In der Selbsterforschung bedeutet Verlangsamung, innere und äußere Vorgänge in Ruhe und Achtsamkeit zu erforschen, zu fühlen, zu spüren, zu sehen. So nimmt man Details wahr, die oft von großer Bedeutung sind. Wenn das Alltagsbewusstsein einer Fahrt mit dem Auto durch die Landschaft entspricht, dann bedeutet Verlangsamung, zu Fuß durch die Gegend zu gehen.

Wenn Sie auf die Frage „Wie geht es dir?" mehr als eine oberfläch-liche Antwort geben wollen, brauchen Sie Zeit, die Aufmerksamkeit nach innen zu lenken und Ihren Zustand zu prüfen. Erst dann können Sie antworten.

Die Aussage: „Ich bin traurig, weil mein Partner mir untreu war", hatte eine Klientin schnell gemacht, aber sie war wenig hilfreich. Wie wäre es, stattdessen „verlangsamt" traurig zu sein? Dann käme eventuell Folgendes zutage:

„Mein Partner war gestern Abend mit einer anderen Frau zu-sammen. Ich fühle mich jetzt traurig. Um meine Brust ist es eng, wie wenn sie von Seilen eingeschnürt wird. Ich kann kaum atmen. Ich

denke immer nur: Wieso? Wieso? Ich könnte weinen, aber meine Kehle ist wie zugeschnürt. Ich fühle mich sehr allein, alles erscheint dunkel. Ich komme mir wie ein verlassenes Kind vor. "

Mit der letzten Bemerkung tauchen Erinnerungen an einsame Abschnitte der Kindheit und damit die Gestalt des Inneren Kindes auf. Jetzt hat die Klientin schon mehr Möglichkeiten, mit ihrer Traurigkeit umzugehen. Sie könnte dem Partner davon erzählen, um sein Herz zu erreichen, oder sich dem Inneren Kind zuwenden und im Kontakt mit diesen Gefühlen entscheiden, wie sie mit der Situation umgehen möchte.

Für eine derartig verlangsamte Beschreibung des Zustandes „Ich bin traurig" benötigt man natürlich Zeit. Wer die nicht aufbringt, begegnet möglicherweise dem Phänomen des Kreisens. Kreisen bedeutet, dass ein Problem wieder und wieder auftaucht, weil es nicht angesehen oder in Hektik übergangen wird. Dann wird die problematische Situation so lange wiederholt, bis die notwendige Bewusstheit entsteht.

Akzeptanz

Akzeptanz bedeutet, dass es in Ordnung ist, ein Problem zu haben, etwas nicht zu verstehen, so zu sein, wie man ist, festzuhängen, etwas Ungewöhnliches zu denken oder zu fühlen, Angst zu haben, Lust zu empfinden und was sonst noch alles geschieht.

Mit seinen Gefühlen und seinem Erleben akzeptiert zu werden, auch von sich selbst, ist ein Grundbedürfnis des Menschen. Akzeptanz kreiert eine Atmosphäre der Weite, in der vieles bereits dadurch möglich wird, weil es angenommen ist.

Ein Problem zu haben und es haben zu dürfen, kann eine unglaubliche Erleichterung sein. Viele Probleme verlieren allein dadurch einen Teil ihrer Spannung. Wenn man sagen kann „Ja, ich bin im Konflikt mit mir" – nimmt man allein mit dieser Aussage einige Schärfe aus dem Konflikt und bringt sich in eine Übereinstimmung, die mit der Einstellung: „Ich habe einen Konflikt, aber den will ich nicht haben" nicht erreicht werden kann. Denn dann ist man zusätzlich mit dem Konflikt in Konflikt.

Was durch Selbsterforschungshaltung und Verlangsamung in die Bewusstheit gebracht wurde, braucht Akzeptanz, um dort bestehen zu können.

Nicht nur individuelle Zustände, auch Ereignisse und Vorfälle kann man akzeptieren. Stellen Sie sich beispielsweise vor, Sie stolpern über einen Stein und verstauchen sich den Fuß – und entgegen Ihrer normalen Reaktion („Mist, dass mir das passieren musste"; „Dieser blöde Stein"; „Wer hat den bloß da hingelegt" oder ähnliches) nehmen

Sie sich Zeit und fragen sich: „Womit bin ich in Kontakt gekommen? Welchem Teil bin ich begegnet?" Sie akzeptieren also, sich den Fuß verstaucht haben, Sie kämpfen nicht gegen das Ereignis, sondern beschäftigen sich mit ihm und seinen Folgen. Vielleicht wird Ihnen klar, dass der Stein Sie aus einer Eile und Hektik befreit, der Sie nicht zu entkommen wussten. Dann können Sie den Stein als einen ruhenden Teil von sich sehen.

Vor Jahren passierte mir (Mary) etwas Ähnliches. Ich trat mir auf einer Baustelle einen Nagel drei Zentimeter tief in den Fuß. Das Ganze war lästig, ärgerlich und schmerzhaft, da sich der Fuß entzündete. Trotzdem war es interessant, womit es mich in Kontakt brachte. Ich lag in meinem Bett, der Fuß pochte und brannte, mein Körper war verletzt. Dann kamen mir einige Auseinandersetzungen mit Menschen aus der letzten Zeit in den Sinn – ein Streit mit einem Freund, ein Missverständnis mit meiner Frau, eine ziemlich heftige Auseinandersetzung mit einem Handwerker. Das Thema, mit dem ich in Kontakt kam, lautete Verletzung. Ich hatte mich körperlich verletzt, aber mir wurde auch klar, wen ich und wer mich emotional verletzt hatte.

War es nun falsch, mir diesen Nagel in den Fuß zu treten? War es falsch, für einige Tage aus dem Verkehr gezogen und auf mich selbst geworfen zu sein? Es war hilfreich, und was mir half, war meine Haltung. Ich konnte die Verletzung annehmen und mich mit dem Ereignis versöhnen. Ein Stück Heilung geschah – nicht nur auf der körperlichen Ebene.

Akzeptanz hilft wahrzunehmen, was tatsächlich mit einem geschieht und erspart einem, sich etwas vorzumachen. Eine Klientin erlebte, dass körperliche Zusammenbrüche und Krankheiten ihre Pläne durchkreuzten. Vor allem ihre beruflichen Profilierungsversuche wurden dadurch vereitelt. Sie verzweifelte an ihrem körperlichen Zustand, gab aber den Versuch, die körperliche Schwäche zu ignorieren, nicht auf. Sie bemühte sich stets darum, als etwas Besonderes anerkannt zu sein. Selbst im Freundeskreis wollte sie besonders sportlich, kernig und „gut drauf" erscheinen.

Erst eine lebensbedrohliche Erkrankung zwang sie, innezuhalten. Sie personifizierte in einer Sitzung den „Krankmacher" und begegnete einer Kraft, die sie „das Leben" nannte. „Das Leben" sagte: „Du bist auf der Welt, um echte Freunde zu finden und nicht, um etwas Besonderes zu sein!"

Mit dieser Botschaft ihrer Krankheit im Hintergrund gelang es ihr in den nächsten Jahren, ihr Leben umzustellen, ihre Ziele zu verändern und mehr in Übereinstimmung mit sich zu leben, statt eine Fassade aufzubauen. Der Weg dorthin führte über einen lang anhaltenden inneren Kampf, doch auch in diesem Fall kam die Lösung aus dem Menschen selbst: aus der Akzeptanz der Erkrankung und der Kommunikation mit einer Kraft, die größer als das Ich ist.

Zu akzeptieren bedeutet nicht, zuallem Ja und Amen zu sagen. Man kann auch ein Nein akzeptieren.

In eines unserer Seminare kam einmal eine junge Frau, die seit früher Kindheit nur mit Krücken laufen konnte. In all den Jahren hatte sie ihre Behinderung tapfer ertragen und dabei eine recht harte Haltung sich selbst gegenüber entwickelt. So wollte sie sich beispielsweise nicht helfen lassen, obwohl sie oftmals Hilfe brauchte. Schließlich kam sie in Kontakt mit der Seite, die ihre Behinderung hasste und die gern „so normal wie die anderen" sein wollte. Hier war ein tiefer und lang zurückgehaltener Schmerz berührt worden, den auszudrücken ihr Erleichterung und mehr Zugang zu ihren weichen Seiten verschaffte. Dies war erst möglich, als sie akzeptierte, dass sie tief innen ihr Schicksal nicht akzeptieren wollte.

Echte Akzeptanz schließt solche Widersprüche und auch die sogenannten negativen Seiten des Menschen ein. Akzeptanz bedeutet nicht, alles hinzunehmen und passiv zu erdulden, sondern an den Ereignissen zu lernen und so über die momentane Begrenzung des Ich hinauszuwachsen.

Akzeptanz befreit nicht in jedem Fall vom Leiden, sie führt aber zu Demut – der Erfahrung, dass es eine Kraft größer als das Ich gibt. Manche nennen sie „das Unbewusste", andere „das Leben", wir haben sie oft als „Nicht–Ich" bezeichnet, viele Menschen nennen sie schlicht Gott. Diese Kraft zeigt, dass Menschen ihr Leben letztlich nicht in der Hand haben, dass sie nur über begrenzte Macht verfügen und nicht einmal Macht über sich selbst haben.

Wertfreiheit

Zu werten ist eine Begleiterscheinung von Identifikation. Wertung errichtet den Zaun um das Ich und schließt alles Fremde aus. Das ist ihre Funktion, aber gleichzeitig erschwert das Festhalten an Bewertungen eine notwendige Erweiterung.

Die Gedanken sagen: „Nun hast du schon ein Auto, ein Haus... und bist immer noch unzufrieden. Gib endlich Ruhe und werde glücklich mit dem, was du hast!" Aber die Gefühle rufen: „Das ist nicht das Leben, von dem ich träumte!" Sind diese Gefühle falsch? Sollte ich sie nicht haben? Soll ich mich dafür verurteilen?

Ist es schlecht, anderer Meinung zu sein, eifersüchtig zu sein, zu hassen, sich zu verlieben? Es ist sinnlos, Seiten oder Teile von sich abzuwerten. Jegliche Wertung führt zu einer neuen Spaltung und damit in eine Sackgasse. Statt zu werten ist es besser, erst einmal die betreffenden Anteile der Persönlichkeit genauer kennenzulernen. Dann wird man die erstaunliche Entdeckung machen, dass es keine negativen Seiten an sich gibt. Was immer man tut, denkt oder fühlt, jeder auftauchende Teil will einen bestimmten Aspekt des Menschen zur Geltung bringen und verfolgt eine positive Absicht.

Wenn man beispielsweise jemanden schlagen will, ist für diesen Impuls wahrscheinlich ein verletzter Teil verantwortlich. Seine Absicht mag sein, die eigene Würde wieder herzustellen oder zu wahren. Diese Absicht ist positiv, allerdings sollte man andere Wege finden, die Würde zu wahren als handgreiflich zu werden. Verzichtet man aber darauf, kann einem bei der nächsten oder übernächsten Verletzung durchaus „versehentlich" die Hand ausrutschen. Dann hätte der „Würdeverteidiger" gerade deshalb zugeschlagen, weil er wiederholt bewertet und abgelehnt wurde.

Sinnvolle Selbsterforschung weiß um die positiven Absichten aller Persönlichkeitsanteile. Sie wertet nicht, sie hilft den verschiedensten Teilen, sich so zu äußern und so zu wirken, dass sie dem Menschen keinen Schaden zufügen, sondern zu seiner Entwicklung beitragen.

Prozesswahrnehmung

Das Leben als Prozess wahrzunehmen heißt anzuerkennen, dass man letztlich „nicht weiß". Man weiß nicht, wie der Lebensweg verlaufen wird. Man kann Pläne machen, Ziele verfolgen, feste Vorstellungen entwickeln, aber Einfluss ist nur teilweise möglich. Die Zukunft ist offen, man weiß nicht einmal, was in der nächsten Stunde oder am nächsten Tag geschehen wird.

Hindernisse tauchen auf, Pläne werden gestört. Wenn man dann starr an Absichten festhält, weil man stur ist, weil man nicht einsehen will, dass das Leben nicht aus fest umschriebenen, verlässlichen Situationen besteht, sondern aus beweglichen Prozessen, bekommt man Schwierigkeiten. Spätestens dann ist man aufgefordert wahrzunehmen, was wirklich *ist*. Was passiert tatsächlich? In welchem Prozess befindet man sich gerade? Und zwar unabhängig von Willen oder Ego.

Wenn man vom Partner verlassen wird, dann ist das, vordergründig betrachtet, ein Ereignis. Man fällt aus allen Wolken, aber nur, weil man nicht mitbekommen hat, was in den Jahren davor geschehen ist. Trennung ist in Wirklichkeit kein Ereignis, sondern ein Prozess. Was ist vor der Trennung passiert? Wann haben die Unstimmigkeiten begonnen, wann sind die ersten Trennungswünsche aufgetaucht? Was haben die Partner nicht wahrhaben wollen, und worüber haben sie hinweggesehen?

Das Ich sieht das Leben als wäre es eine Strecke, sein Denken ist linear. Heute mache ich dies, morgen das, übermorgen jenes. Prozesswahrnehmung erfasst das Leben als einen dreidimensionalen Raum, in dem jeder Teil jeden anderen Teil auf unvorhersehbare Weise beeinflussen kann. Je nachdem, wo man hinschaut, sind Teilbereiche bewusst, aber dann bekommt man von der Seite, von hinten oder oben einen Stoß und wird in eine ganze andere Richtung gestoßen.

Die Wahrnehmung des Lebens als Prozess gibt mehr Möglichkeiten, mit den Ereignissen mitzuschwingen und sich dem Unvorhersehbaren zu stellen. Man erhält Erlaubnis zur Veränderung. Denn der Mensch selbst ist ein Prozess. Dieses Verständnis des Lebens als Entwicklung ist für Selbsterforschung überaus hilfreich.

Die richtige Zeit

Prozesse verlaufen nach eigenen Gesetzen. Einen Menschen zu lieben, braucht Zeit, ebenso, sich von ihm zu trennen. Alle Entwicklungen benötigen Zeit. Sie sind Reifungsprozesse, vergleichbar mit Wachstumsvorgängen in der Natur. Ist die Zeit reif oder richtig, geschehen Änderungen oft wie von selbst und oft sehr schnell.

Häufig will man Dinge zu früh, weil der Verstand so schnell ist. Man hat etwas erkannt und schon soll es umgesetzt sein. Weil das nicht so schnell klappt, ist man frustriert und will aufgeben. Aber es braucht länger, bis eine Lösung beispielsweise zur Gefühls– und Körperbewusstheit vorgedrungen ist und damit greifbar und umsetzbar wird.

Manchmal müssen die Dinge ein wenig „kochen", um gar oder reif zu werden. Dann befindet man sich mitten in Schwierigkeiten, in Spannung, ist unzufrieden und ungeduldig. Aber der Konflikt ist noch nicht deutlich genug. Es ist nicht die richtige Zeit. Das Thema liegt am Rande der Aufmerksamkeit und hat das Ich noch nicht genügend gestört. Möglicherweise muss alles etwas schlimmer werden. Wer also nicht sofort eine Lösung findet, macht nicht unbedingt etwas falsch.

Die richtige Zeit zu finden, ist ein ganz und gar individueller Vorgang. Man kann keine objektiven Anhaltspunkte dafür geben – es zählt nur die eigene Erfahrung.

Den Wert eigener Erfahrungen schätzen

Selbsterforschung bedeutet, Antworten in sich zu finden und sich nicht an „anderen" zu orientieren.

Es steht ein Heer von Beratern bereit, jedermann zu sagen, was richtig oder falsch sei, wann wofür die richtige Zeit gekommen sei, was dann zu tun sei. Astrologen, Heiler, Therapeuten, Ärzte, Berater,

Theologen, Wissenschaftler. Soll man auf diese Menschen hören oder der eigenen Weisheit vertrauen? Es scheint leichter, sich an anderen zu orientieren, denn die haben stets Lösungen parat. Die eigene Weisheit jedoch muss man erst entdecken.

Wenn man der Versuchung erliegt, eine fertige Lösung zu übernehmen, wird womöglich der Prozess der Selbstregulation gestört, denn in vielen Fällen unterstützen die Ruck–zuck–Helfer das Ich des Menschen und zementieren damit die sich bereits negativ auswirkende Einseitigkeit. Sie unterstützen ihn darin, was er bewusst will, übersehen aber den unbewussten Willen, der in der Störung versteckt liegt. Dadurch werden Veränderungsprozesse möglicherweise unnötig hinausgezögert.

Häufig erleben wir in Seminaren auch, dass Teilnehmer sich mit anderen vergleichen. Die anderen erleben anscheinend Intensiveres, es geht ihnen besser oder schlechter, sie sind „weiter" oder „noch nicht so weit". Im esoterischen Bereich wird der Begriff „weiter" im Sinne einer Strecke benutzt. „Ich bin drei Meter weit auf dem Weg und du erst zwei Meter fünfzig!", „Ich bin erst auf der zweiten Ebene angelangt, und die anderen sind schon auf der dritten."

In der Selbsterforschung benutzen wir den Begriff „weiter" nicht im linearen Sinne von „auf einer Strecke weiter sein" sondern im Sinne von Erweiterung und „weiter werden". Daher bringen Vergleiche nichts, es bleibt nur die heilsame Orientierung an der eigenen Erfahrung als die wertvollste Informationsquelle.

Mut zur Selbstverantwortung

Es erfordert Mut, auf sich zu hören, denn wer sich nicht an anderen orientiert, kann ihnen auch keine Schuld zuweisen – er ist einzig und allein für sich verantwortlich.

Natürlich ist es bequem, jemand anderem die Schuld zu geben. Aber hilft es auch? Ist es tatsächlich der Partner, der die Beziehung ruiniert hat? Ist es Zufall, dass ich immer an „den falschen Partner", gerate? Oder ist es nicht vielmehr so, dass ich eine Lektion noch nicht gelernt habe und deshalb diesen „schrecklichen" Partner brauche, um mich endlich zu verändern?

Niemand ist für mich verantwortlich. Niemand schuldet mir etwas. Es ist mein Leben. Bei wem sollen sich die Opfer des Erdbebens beschweren, das Kobe erschütterte? Tausende Menschen sind tot, und noch viel mehr haben alles verloren. Wer hat daran Schuld?

Es gibt unzählige Möglichkeiten, dieses Leben zu leben, mit ihm umzugehen, zu denken, zu fühlen und zu handeln. Vor Kurzem sahen wir ein Interview mit einem Mann von den Westmännerinseln, der bei einem Vulkanausbruch sein nagelneues Haus und damit seinen gesamten Besitz verloren hatte. Der Mann sagte: *„Ich denke, der Verlust eines Hauses ist nichts, worüber man sich aufregen sollte."* Eine beeindruckende Möglichkeit, mit solch einem Schicksalsschlag umzugehen!

Es liegt an jedem selbst, ob er eine Möglichkeit zu leben entdeckt, mit der er zufrieden sein kann. Manchmal muss man sehr intensiv danach suchen – im Inneren oder im Äußeren. Selbsterforschung zu praktizieren ist eine Möglichkeit, ein gutes Stück Verantwortung für sein Leben zu übernehmen.

Kapitel II

Praktische Selbsterforschung

Einführung in die praktische Arbeit

Die praktische Selbsterforschung vermitteln wir in diesem Buch mithilfe einer ganzen Reihe von Übungen. Manche Menschen fragen, wozu Übungen gut sein sollen. Die Antwort lautet: Übungen sind zusätzliche Möglichkeiten, mit bestimmten Themen umzugehen. Sie haben den Zweck, das Alltagsbewusstsein zu verlassen und sich auf andere Weise mit sich selbst zu befassen.

Eine sinnvolle Definition von Übung lautet: Erfahrungen an der Schwelle machen und dort Informationen sammeln.

Dabei taucht in der Selbsterforschung eine besondere Schwierigkeit auf. Hier muss quasi der Täter Ermittlungen gegen sich selbst führen, denn das Ich soll die Erkundung des Nicht–Ich durchführen.

Was bei der Selbsterforschung hilft, ist ihre Nähe zu den natürlichen Methoden des Umgangs mit sich selbst, die Menschen im Laufe ihrer Existenz entwickelt haben. Ein Beispiel dazu:

Vor Kurzem arbeiteten wir mit Helmut, einem jungen Mann, der nicht wusste, ob er seine Frau verlassen sollte. Wir halfen ihm, die verschiedenen Teile des inneren Konfliktes voneinander zu isolieren und im Raum darzustellen. Es kamen drei Teile heraus: der klare Verstand (der gehen wollte), die Angst vor dem Alleinsein (die bleiben wollte) und das verletzte Herz (das den Glauben an die Liebe nicht aufgeben wollte). Während des Dialoges dieser Teile wurde die Situation deutlicher, und der Mann entschied sich, bei seiner Frau zu bleiben.

Nach der Sitzung sagte er: „Solche Gespräche mit mir selbst habe ich die ganzen letzten Monate geführt, im Auto oder wenn ich allein in der Wohnung war. Ich habe schon gedacht, ich müsste in die Klapsmühle." Wie dieses Beispiel zeigt und wie die Übungen zeigen werden, hat Selbsterforschung eine große Nähe zu den natürlichen Methoden der Selbststeuerung.

Kommen wir nun zu den Übungen. Im Einzelnen befassen wir uns in den Übungen damit:

- Teile und Seiten zu identifizieren,
- Gestalten entstehen zu lassen,
- Dialoge zu führen,
- Abstand zu nehmen,
- Näher herangehen,
- Gefühle zuzulassen und auszudrücken,

– Bewegungen zu entdecken und zu gestalten,
– Gedanken Raum zu geben,
– mit Verkörperlichung zu arbeiten,
– mit Verräumlichung,
– mit Träumen,
– mit Beziehungen, und
– mit den Bewusstseinszuständen Vergangenheit, Zukunft,
    Gegenwart und Metabewusstheit.

Die Übungen 1 bis 25 legen die Grundlage für die Selbsterforschung, die Übungen 26 bis 58 gehen auf ausgewählte Themen
ein. Ein Themenregister hilft, die richtige Übung zu einem
individuellen Thema zu finden.

Werkzeuge

Die vorn beschriebene *Selbsterforschungshaltung* schafft den Boden
und das Klima, auf bzw. in dem sich mittels von Werkzeugen und
Strukturen die Selbsterforschung abspielt. Wir haben eine sehr
pragmatische Einstellung zu Werkzeugen.

Wenn Sie ein raues Brett glätten wollen, würden Sie nicht unbedingt
Ihre Finger dazu benutzen. Aber möglicherweise würden Sie ein
Werkzeug beim Schreiner ausleihen, in diesem Fall einen Hobel. Das
hilft – wenn Sie mit dem Hobel umgehen können. Wenn Sie aber zum
ersten Mal mit einem Hobel arbeiten, müssen Sie eine gewisse Übung
entwickeln, um das erwünschte Ergebnis zu erzielen. Ebenso verhält
es sich mit den Werkzeugen und Techniken, die wir Ihnen in diesem
Buch vermitteln.

Wie brauchbar und hilfreich ein Werkzeug ist, hängt von seiner
Handhabung ab, denn das Werkzeug gehorcht dem, der es benutzt. In
Bezug auf Techniken und Werkzeuge gilt:

Unser Vorschlag: Halten Sie sich genau an die Anweisungen der
Übungen, bis Sie diese verinnerlicht haben.

Disziplin – sich Zeit nehmen

Therapie funktioniert, weil Menschen Zeit und Aufmerksamkeit
dafür aufbringen. Es scheint beinah banal zu betonen, dass auch
Selbsterforschung beides braucht, doch hier liegt eine ihrer Haupt-
schwierigkeiten. Die Versuchung, den alltäglichen Dingen die nötige
Zeit zu opfern, ist einfach sehr groß.

Doch auch die beste Technik nützt nichts, wenn sie nicht angewendet wird. Die Selbsterforschung erfordert Praxis, aber das Ich
wird versuchen, den Kontakt mit dem Nicht–Ich zu unterbinden.

„Jetzt nicht, ich bin müde, jetzt habe ich gerade keine Zeit, jetzt muss ich noch saubermachen, jetzt will ich erst den Film sehen."

Sich Zeit für etwas zu nehmen, macht deutlich, wie wichtig ein Thema ist. Wofür hat man nicht alle Zeit! Aber für sich selbst? An solchen Punkten ist Konsequenz gefordert. Mitunter können Rituale helfen, die nötige Disziplin zu üben. Wie wäre es jeden Abend mit einer halben Stunde für die Selbsterforschung? Oder einmal in der Woche für eine Stunde?

Unser Vorschlag: Machen Sie einen Termin mit sich selbst, ganz so, als ob Sie einen Termin beim Therapeuten gebucht hätten. Nehmen Sie sich 30 bis 45 Minuten Zeit für jede Übung. Führen Sie Aufzeichnungen über Ihre Übungen und deren Ergebnisse.

Langmut und Vertrauen

Ein gravierender Fehler bei der Selbsterforschung liegt in der Versuchung, Lösungen zu früh erreichen zu wollen. Die Idealvorstellung des Übenden lautet normalerweise: „Die Lösung bitte sofort, gleich und für immer!". Doch so etwas können Übungen nur sehr selten leisten; und wenn, hat das zwei Gründe: Entweder lag die Lösung an der Oberfläche, war also reif, oder es handelte sich um ein eher oberflächliches Problem.

Alle zu einem Thema benötigten Informationen zu erhalten und die Bewusstheit auf alle erforderlichen Wahrnehmungsebenen auszudehnen, ist kein „Eine–Übung–machen–Ding", sondern ein Entwicklungsprozess, der es erfordern mag, die gleiche Übung öfter durchzuführen oder auf verschiedene Weise an das Thema heranzugehen und zu experimentieren. Dieser Prozess der Bewusstwerdung kann Tage, Wochen, Monate und wenn es sich um Langzeitprozesse wie Vergangenheitsbewältigung oder Beziehungen handelt – mitunter sogar Jahre dauern.

Natürlich stehen wir mit dieser Aussage im Gegensatz zu manchen Therapeuten, die durch „Kurzzeittherapie" oder angeblich besonders intensive Methoden wahre Wunder versprechen. Wir hatten und haben Kontakt zu solchen Therapeuten, haben sie über viele Jahre hinweg beobachtet und würden uns freuen, wenn sie in ihrer persönlichen Entwicklung nur ein Zehntel des Tempos erreichten, das sie ihren Klienten versprechen.

Unser Vorschlag: Lassen Sie sich nicht verunsichern, und entdecken Sie Ihr eigenes Tempo!

Kreisen

Die Übungen der Selbsterforschung sind insofern anspruchsvoll, als der Übende alles zugleich tun muss. Er ist betroffen, er begleitet sich selbst, und er soll den Überblick behalten. Deshalb bleibt er leicht an einer Schwelle hängen und kommt nicht weiter. Das macht aber gar nichts – das Thema wird im ersten Frust möglicherweise aus den Augen verloren und dann im Unbewussten einen Kreis ziehen, der es mit ziemlicher Sicherheit wieder in den Vordergrund bringt.

Unser Vorschlag: Haben Sie keine Sorge, wenn eine Übung nicht auf Anhieb gelingt. Ihr Nicht–Ich gibt so schnell nicht auf!

Pausen

Pausen sind bei der Selbsterforschung wichtig, weil darin der nötige Abstand zu Gefühlen oder extremen Zuständen entsteht und aus dieser Distanz heraus vieles klarer wird. Wer sich keine Pausen in der Selbsterforschung gönnt, ist möglicherweise dem inneren Kritiker aufgesessen, der nie zufrieden ist und ständig mehr will.

Unser Vorschlag: Arbeiten Sie sich nicht pausen– und gnadenlos an sich herum.

Spaß

Wer mit problematischen Themen arbeitet, wird nicht unbedingt Spaß dabei erwarten. Doch es kann außerordentlich lustvoll sein, endlich einmal etwas Bestimmtes auszusprechen, ein Gefühl zuzulassen, in die Gestalt des Nicht–Ich zu schlüpfen, Fantasien auszuleben und anderes mehr. Vor allem aber wirkt eine gelungene Integration sehr befreiend. Und das wiederum macht Spaß. Auf Dauer wird nur der an sich arbeiten, der dadurch Freude erfährt.

Unser Vorschlag: Machen Sie nicht zuviel „Arbeit" aus der Selbsterforschung. Wenn etwas zu anstrengend wird, ist es vielleicht noch nicht reif.

Grenzen

Bestimmte Vorgänge können so intensiv beispielsweise auf das Gefühl einwirken, dass man den nötigen Abstand nicht einhalten kann. Dann ist man an einer Grenze, die ohne Begleitung durch einen anderen Menschen nicht überschritten werden kann.

Unser Vorschlag: Machen Sie kein Dogma aus der Selbsterforschung und scheuen Sie sich nicht, notfalls die Hilfe eines Profis anzunehmen.

Weisheit

Wer Übungen der Selbsterforschung praktiziert, wird auf verschiedene Weise davon profitieren. Zum einen wird er eine verständnisvollere Haltung gegenüber sich selbst und anderen Menschen einnehmen. Wenn er beispielsweise etwas tut, worüber er sich bisher ärgerte, wird er jetzt nicht mehr sagen: „Was bin ich doch für ein Idiot" und sich selbst ablehnen. Er wird sich vielmehr fragen: „Welcher Teil von mir war am Werke?" Auf die gleiche Weise wird er andere Menschen sehen. Dann ist der Herr Müller von nebenan nicht mehr ein „Blödmann", sondern jemand, bei dem eine bestimmte Seite menschlichen Verhaltens deutlich geworden ist.

Es entstehen Interesse und Neugier dem Neuen oder Fremden gegenüber und damit auf die Dauer eine „weise Distanz" zu den Ereignissen. Distanz, weil man Vorgänge betrachtet und mit ihnen arbeitet, Weisheit, weil man um den tieferen Sinn einer Entwicklung weiß und ihn zu entdecken sucht.

Unser Vorschlag: Betrachten Sie die Selbsterforschung als einen Prozeß, durch den im Laufe der Jahre eine neue Lebenshaltung entsteht. Halten Sie dieses Buch griffbereit und schauen Sie hinein, wenn Sie über ein Thema nachdenken, –fühlen, –hören, –sehen oder arbeiten wollen.

Beispiele

Wir bringen zu einer Reihe von Übungen Beispiele, die zeigen, wie eine Übung verlaufen kann und die, so hoffen wir, Ihnen die Übungen näherbringen. Selbstverständlich sollten Sie sich nicht an diesen Beispielen orientieren oder sich damit vergleichen. Sie werden in allen Übungen Ihre eigenen Erfahrungen machen.

Erwartungen

Bevor Sie eine Übung beginnen, machen Sie sich leer. Vergessen Sie Vorstellungen davon, wie Sie sein sollten oder was in der Selbsterforschung herauskommen sollte, und nehmen Sie wahr, was tatsächlich geschieht. Sie werden Spannendes und Faszinierendes, Widersprüchliches und Unbequemes, auch Chaotisches, Rätselhaftes oder Überraschendes entdecken. Sagen Sie: „Aha – interessant! Mal sehen, was daraus wird!"

Gegenanzeigen für Selbsterforschung

Sie sollten keine Selbsterforschung betreiben, wenn eine Überforderung eintritt, wenn Dinge ins Rollen kommen, die Sie nicht beherrschen, oder wenn ernsthaften psychischen Störungen Expertenhilfe unerläßlich machen. Selbsterforschung ist kein Ersatz für psychotherapeutische Begleitung.

Innere Vorgänge erfassen

Was geschieht?

Manchmal erleben Menschen indifferente Zustände und wissen nicht oder nicht genau, was mit ihnen geschieht. Da ist eine Spannung, eine Laune, ein Gefühl, seltsame Gedanken oder Bilder, möglicherweise etwas Chaotisches. Man merkt, dass „irgend etwas" los ist, kann die Vorgänge aber nicht einordnen. In der folgenden Übung geht es darum, solche Zustände zu erfassen. Der Titel der Übung lautet „Sehen, hören, fühlen, spüren". Das scheint einfach zu sein, ist jedoch einer Übung wert. Denn da die für Entwicklungen wesentlichen Impulse aus dem Unbewussten kommen, von daher, wo die Aufmerksamkeit nicht ist, bedeutet angewandte Selbsterforschung in einem wesentlichen Maße:

– zu sehen, was man sieht,

– zu hören, was man hört,

– zu fühlen, was man fühlt, und

– zu spüren, was man spürt,

um bewusst mit dem in Kontakt zu kommen, mit dem man sonst unbewusst in Kontakt geraten würde. Erinnern wir uns an die Tendenz des Ich, bestimmte Vorgänge nicht wahrzunehmen, dann wird deutlich, wie grundlegend diese Übung ist. Denn wenn es gelingt, bei den kontinuierlich ablaufenden Wahrnehmungen zu bleiben, erfährt man unter Umständen eine Menge Neues.

Hier ein verkürztes Beispiel einer solchen Übung. Es handelt sich um einen 45-jährigen Mann, der eine unbestimmte Trägheit zum Anlass für eine Übung nahm.

„Ich fühle mich müde und spüre meinen Körper auf dem Boden. Die Knochen tun weh. Mein Atem geht schwer. Ich sehe nichts, ich spüre nur. Es fühlt sich an, als ob ich einige Zentner schwer bin. Schlapp. Jetzt höre ich einen Seufzer (er macht ihn). Das tut gut. (Macht mehr Seufzer.) Jetzt spüre ich, wie ich leichter werde. Ich sehe mich, wie ich zu schweben anfange. Ich schwebe zu einem Stehpult. Während ich über dem Stehpult in der Luft hänge, klappt das Buch auf, das darauf liegt. Ich sehe, wie meine Gedanken aus mir in das Buch fließen und langsam die Seiten füllen. Das ist verrückt, aber alles, was ich Wichtiges denke, wird automatisch aufgeschrieben. Jetzt erhebt sich das Buch vom Pult und fliegt durch das Zimmer. Das Fenster geht auf, und das Buch fliegt hinaus. Jetzt höre ich eine Stimme, sie ruft: 'Du hast etwas zu sagen!' Ich stehe jetzt am Pult und schaue fasziniert zu. Was will ich sagen?"

Der Mann ist noch Tage nach der Übung von den Erlebnissen fasziniert und beschäftigt sich damit herauszufinden, was er zu sagen hat. Er entdeckt, dass es tatsächlich eine Seite in ihm gibt, die sich mehr mitteilen will, eine kreative Seite. „Vielleicht steckt doch mehr in mir, als ich glaube", ist eine mögliche Schlussfolgerung aus der Übung. Ein weiteres Ergebnis ist der Vorsatz, „die Sachen, die mir wichtig sind, aufzuschreiben, in so ein Buch, wie es auf dem Pult lag". Das also tauchte hinter der Trägheit auf: zurückgehaltene Kreativität und ein großes Mitteilungsbedürfnis.

Sehen, hören, fühlen, spüren

Was geschieht, wenn ich etwas Peinliches denke? Oder etwas Schmerzliches fühle? Oder etwas Unangenehmes spüre? In solchen Fällen taucht die Versuchung auf, die Übung vorzeitig zu beenden. „Es passiert ja nichts", sagen Übende oft gerade dann, wenn etwas Wesentliches zu geschehen anfängt. Schöpfen Sie den Zeitrahmen, den Sie gewählt haben, in aller Ruhe aus, und hören Sie nicht früher mit der Übung auf.

Natürlich werden die Geschehnisse im Inneren nicht immer auf derselben Wahrnehmungsebene verlaufen. Manchmal *sehen* Sie zehn Minuten etwas, dann *hören* Sie etwas, und später *fühlen* Sie etwas. Das ist kein Problem. Folgen Sie einfach den Wechseln, ohne etwas zu wollen oder auszuwählen. Nach der Übung nehmen Sie sich Zeit für die Integration.

Übung 1: Sehen, hören, fühlen, spüren

Wahrnehmen: Für die Übung ziehe ich mich zurück und mache es mir bequem. Ich schließe die Augen und richte meine Aufmerksamkeit nach Innen. Dann nehme ich einfach wahr, wohin meine Aufmerksamkeit wandert. Lässt sie mich etwas sehen, hören, fühlen, spüren? Bei welcher Wahrnehmung bleibt sie, und wo geht sie weg? Wohin führt sie mich?

Sprechen: Alles, was geschieht, beschreibe ich, während es geschieht, indem ich es im Flüsterton ausspreche. (Das Aussprechen ist sehr wichtig zur Verlangsamung.)

Integration: Nach der Übung befasse ich mich mit folgenden Punkten:
– Womit bin ich in Kontakt gekommen?
– Was ist deutlicher geworden?
– Wie gehe ich damit um? Was fange ich damit an?

Eine Wahrnehmung intensivieren

Die folgende Übung macht Vorgänge auf einer bestimmten Wahrnehmungsebene deutlicher. Es kann sich dabei um Bilder, Träume, Gedanken, Stimmen, Gefühle oder Körperempfindungen handeln – um etwas, das man erforschen und über das man ein tieferes Verständnis erreichen will. Man kann sich für diese Übung eine Wahrnehmungsebene aussuchen und mit ihr experimentieren, beispielsweise wenn etwas Gefühlsmäßiges geschieht, das man nicht versteht.

Auch diese Übung ist wie alle in diesem Kapitel grundlegend für Selbsterforschung und kann in vielen Situationen angewendet werden.

Als Beispiel mag die Arbeit einer 48-jährigen Frau dienen, die einen Druck im Hals verspürte. Als sie sich auf die Empfindung konzentrierte, wurde Folgendes deutlicher:

„Es fühlt sich an, als ob etwas den Hals zuschnürt. Von unten drückt etwas dagegen, etwas aus dem Bauch. Es presst gegen die Enge." Die Empfindung ist unangenehm, aber die Frau bleibt dabei. Nach einigen Minuten rutscht ihr das Wort „Dreck" heraus. Dann fängt sie an, „unschöne Worte" zu sagen. Schließlich gewinnt sie sichtlich Vergnügen daran, zu fluchen und sich über verschiedene Dinge in der Familie aufzuregen. Diese Empörung, diese Dinge, „die man nicht sagt", standen hinter dem Druck im Hals und wollten hinaus.

In dieser Übung werden Sie wahrscheinlich an Schwellen geraten. Das bedeutet, Ihre Aufmerksamkeit wird sich von einer Wahrnehmung wegbewegen, sobald diese nicht eingeschätzt werden kann oder unangenehm wird. Möglicherweise haben Sie etwas Ungewöhnliches gesehen und fangen plötzlich zu denken an. Gehen Sie dann zurück, beispielsweise zu dem Bild, und versuchen Sie, die Entwicklung wieder aufzugreifen.

Übung 2: Eine Wahrnehmung intensivieren

Ablauf: Ich ziehe mich zurück und mache es mir bequem. Dann schließe ich die Augen und richte die Aufmerksamkeit nach innen. Ich konzentriere mich auf die Wahrnehmungsebene, die ich erforschen will.

Sehen: Wenn ich etwas sehe, schaue ich noch genauer hin. Was ganz genau sehe ich? Ist es hell oder dunkel? Welche Farbe hat es? Sind Bewegungen zu sehen? Objekte? Wenn beispielsweise ein Nebel erscheint, schaue ich hinein Nebel. Was verändert sich? Was taucht auf? Sehe ich Szenen, Erinnerungen, Menschen? Wenn ich einen Traum sehe, träume ich ihn weiter.

Hören: Wenn ich etwas höre, höre ich ganz genau hin. Höre ich eine Stimme? Wie klingt sie? Alt, jung, zart, rau ...? Was sagt sie und in welchem Tonfall? Wenn Gedanken auftauchen frage ich mich: Sind es meine Gedanken, oder gehören sie zu jemand anderem?

Fühlen: Wenn ich etwas fühle, lasse ich mir Zeit, das Gefühl ganz genau wahrzunehmen. Wo fühle ich es? Wie atmet es sich? Kann ich das Gefühl benennen? Ist es Traurigkeit, Freude, Angst oder ein anderes Gefühl?

Spüren: Wenn ich mich einer Körperbewegung widme, finde ich heraus, wo genau die Empfindung lokalisiert ist und wie sie sich bemerkbar macht. Juckt etwas, brennt etwas, ist etwas taub? Ist da eine Spannung, ein Schmerz? Wie spüre ich das?

Bewegen: Wenn ein Bewegungsimpuls auftaucht, folge ich ihm langsam, mache die Bewegung öfter und in Zeitlupe.

Integration: – Womit bin ich in Kontakt gekommen?
– Was ist mir deutlicher geworden?
– Habe ich bestimmte Wahrnehmungen unterbrochen?
– An welchen Stellen?

An einer Grenze oder Schwelle bleiben

Die folgende Übung soll eine Schwelle oder Grenze bewusster machen. Es gibt Dinge, die man nicht sehen, hören, fühlen, spüren will bzw. nur schwer wahrnehmen kann. Das ist völlig in Ordnung, und man sollte sich nicht dafür verurteilen. Allerdings ist es oft hilfreich, sich über die Beschaffenheit der Grenze klar zu werden, um sich in den folgenden Tagen, Wochen oder Monaten intensiver damit zu befassen.

Ein Beispiel für diese Übung gibt ein junger Mann, der seinen Gedanken, also dem Hören, folgt und dabei an eine Schwelle gerät. Er denkt über die Beziehung zu seiner Freundin nach. Als er den Gedanken: „Sie geht mir damit auf die Nerven" denkt, ist er einen Augenblick lang verwirrt. Es tauchen Bilder schöner Erlebnisse und der Gedanke auf: „Es ist doch gar nicht so schlimm, reg dich nicht so auf."

Der Mann ist an einer Grenze angelangt, wo er sich „negative Gedanken" verbietet. Er wendet sich nun diesen negativen Gedanken zu und erfährt eine Menge darüber, was er wirklich über ihr Verhalten denkt.

Dies ist ein gutes Beispiel für die Versuchung, angenehme Dinge wahrzunehmen und unangenehme wegzudrängen. Wer lange an solchen Schwellen stehen bleibt, wird unbewusst eine Spannung aufbauen, die über kurz oder lang die liebevollen Gefühle zum Partner beeinträchtigt.

Übung 3: An einer Schwelle bleiben

Ebene   Ich wähle die Wahrnehmungsebene aus, auf der ich auf eine Schwelle oder Grenze gelangt bin oder von der ich das vermute.

Intensivieren: Ich intensiviere die Wahrnehmung auf dieser Ebene (wie in der Übung „eine Wahrnehmung intensivieren"). Dabei achte ich darauf, wann ein Ebenenwechsel geschieht.

Bleiben: Dann kehre ich an den Augenblick kurz vor dem Ebenenwechsel zurück und finde heraus:
– Welches Bild konnte ich mir nicht anschauen? Was ist ungewöhnlich, unangenehm, schmerzhaft zu sehen?
– Welche Gedanken wage ich nicht zu denken? Welche Gedanken verbiete ich mir? Welche Worte sollen mir nicht in den Sinn kommen?
– Welche Gefühle mag ich nicht berühren? Wie halte ich mich davon fern?
– Welche Körperempfindungen kann ich nicht ertragen? Welche Bewegungen erlaube ich mir nicht?

Integration: Ich sinne über deutlich gewordene Grenzen und aufgetauchte Informationen nach.
– Was gehört noch zu mir?
– Was aus dem Bereich „jenseits des Ich" ist mir begegnet?
– Wie gehe ich mit diesen Informationen um?

Eine Identifikation erkennen

Wie oben erwähnt, besteht ein enger Zusammenhang zwischen Wahrnehmungsebenen und Identifikation. Wenn ein Mensch beispielsweise eine Müdigkeit ignoriert, weil er viel zu tun hat, ist er mit „viel tun" identifiziert und „müde sein" gehört zum Nicht–Ich.

Das Ich liegt in diesem Fall auf der Ebene des Verstandes, des Denkens, das Nicht–Ich auf der Ebene des Spürens, also auf der Körperebene. Um die Körperempfindung Müdigkeit auszublenden und nicht einzuschlafen, wird der Mensch Kaffee oder Tee trinken, joggen, sich zusammenreißen oder im Extremfall ein Aufputschmittel nehmen. Wenn er das allerdings zu weit treibt, mag er bei der Arbeit einschlafen oder sich verletzen, wodurch er dann gezwungenermaßen auf der Körperebene ankommt.

Eine Identifikation zeigt sich im Gebrauch des Wortes „Ich", während das Nicht–Ich zumeist „geschieht" oder „passiert" und nicht zu kontrollieren ist.

„Ich spüre diese nervende Eifersucht und möchte sie gerne loswerden." In diesem Satz liegt die Identifikation im „Loswerden–Wollen" und das Nicht–Ich im „Eifersüchtig–Sein". Eifersucht geschieht, das Ich will sie nicht.

In der folgenden Übung geht es darum zu erkennen, auf welcher Wahrnehmungsebene die Identifikation liegt und auf welcher Ebene sich das Nicht–Ich ausdrückt. Die Unterscheidung von Ich und Nicht–Ich gelingt meist nicht auf Anhieb. Das ist gut so, denn es zwingt zur ausgiebigen Beschäftigung mit dem Thema. Sie müssen auf eine ungewohnte Weise darüber nachdenken, dadurch wird das Suchen nach der Ebene Teil des Lösungsprozesses.

Ein Beispiel könnte ein 40-jähriger Jogger sein, der seit zwei Jahren extreme Schwierigkeiten mit einem Knie hat. Er läuft von Sportarzt zu Sportarzt und macht Kuren, um sein Problem loszuwerden. Die Aussage: „Ich möchte joggen, aber mein Knie spielt nicht mit" zeigt den Ort des Ich und des Nicht–Ich an, nämlich sein Bild von sich als jungem, durchtrainierten Mann (Bilder = Sehen) auf der Verstandesebene und sein kaputtes Knie auf der Körperebene. Die Körperbewusstheit des Mannes ist nicht ausgeprägt, er merkt nicht oder ignoriert, dass er sich „kaputtmacht".

Übung 4: Wo ist das Ich – wo das Nicht–Ich?

Beginn: Ich schreibe die für mich problematische Situation detailliert auf ein Blatt Papier.

Ich: Danach kennzeichne ich die Stellen, in denen ein Bezug zum Ich auftaucht, mit einem roten Stift.
Die Stellen, die sich auf das Nicht–Ich beziehen, markiere ich grün.

Ebenen: Dann untersuche ich, auf welchen Ebenen sich das Ich und das Nicht–Ich mitteilen.
– Kommt das Ich über den Verstand oder das Gefühl?
– Wo äußert sich das Nicht–Ich?
– Wo passiert etwas Unkontrollierbares? Im Körper, im Gefühl, in Bildern, in Stimmen?
– Wenn ich etwas nicht deutlich genug erkennen kann, mache ich zur Vorbereitung die Übung 1 oder 2.

Integration: – Was ist mir aufgefallen?
– Sind die Ebenen bzw. deren Inhalte verschieden?
– Was fange ich mit den Erkenntnissen an?

Dem Nicht–Ich Aufmerksamkeit schenken

Meist braucht die Ebene, mit der man nicht identifiziert ist, die stört oder Probleme bereitet, besonders viel Aufmerksamkeit, und früher oder später erzwingt sie diese auch.

Wer beispielsweise Wunschträume hat, kann diese ebenso wenig abstellen wie ein Kranker seine Körpersymptome. Auch Gefühle oder Gedanken sind auf Dauer nicht zu unterdrücken. Deshalb besteht eine Möglichkeit darin, quasi freiwillig auf die Wahrnehmungsebene zu gehen, auf der das Unkontrollierbare geschieht.

In der folgenden Übung geht es genau darum. Als Beispiel mag eine junge Frau dienen, die sich aufgrund vager körperlicher Spannungen unwohl fühlte. In der Übung nahm sie diese Spannungen einige Minuten lang konzentriert wahr, erkannte als Ebene des Nicht–Ich den Körper und bemerkte, dass ihr Körper „sich gegen etwas wehrt".

Als sie anschließend darüber nachdachte, wogegen sie sich wehren wollte, fiel ihr eine Entscheidung ein, die durch eine Diskussion mit ihrem Freund zustande gekommen war, und sie sagte: „Ich will das nicht, egal was er will!"

Übung 5: Dem Nicht–Ich Aufmerksamkeit schenken

Beginn: Ich finde heraus, auf welcher Bühne das Ich und das Nicht–Ich auftreten (siehe Übung 4), auf welcher Wahrnehmungsebene also das Nicht–Ich auftaucht.

Nicht–Ich: Anschließend beschäftige ich mich in Ruhe mit dem Nicht–Ich. Wie kann ich mehr Aufmerksamkeit auf diese Ebene bringen? Was muss ich dazu tun? Muss ich genauer sehen, hören, spüren, fühlen, mich bewegen?

Intensivieren: Ich intensiviere die Wahrnehmung (entsprechend Übung 2). Was gerät so in meine Aufmerksamkeit? Was begegnet mir? Was wird klarer, deutlicher?

Integration: – Wann, wo und wie halte ich mich im Alltag auf der Wahrnehmungsebene des Nicht–Ich auf?
– Wie vermeide ich es im Alltag, mich auf dieser Wahrnehmungsebene aufzuhalten?
– Was kann mir dabei helfen, mich öfter auf der Ebene des Nicht–Ich aufzuhalten?

Eine Seite und die andere Seite

Man kann Ich und Nicht–Ich auch als zwei Seiten der Persönlichkeit betrachten, die schon deshalb in Konflikt geraten, weil man sie nicht voneinander unterscheiden kann. Diese verschiedenen Seiten der Persönlichkeit geraten aneinander, verhaken sich und verursachen Spannungen, Verwirrung oder Unbehagen.

Ein Mensch sagt beispielsweise: „Eigentlich eine Frechheit, was mein Freund mir da an den Kopf geworfen hat, aber ich rege mich nicht darüber auf." In diesem Satz tauchen zwei sich widersprechende Seiten auf. Eine Seite sagt: „Empörend – reg dich auf", die andere sagt: „Bleib ruhig".

Die Identifikation liegt in diesem Fall bei „Ruhig–Bleiben", was wir aus dem Satzteil: „Ich rege mich nicht darüber auf" entnehmen können. Deshalb wird demjenigen nicht bewusst sein, wie empörend oder verletzend er die Bemerkung des Freundes tatsächlich empfindet. Er wird wahrscheinlich äußerlich großzügig über die Frechheit hinwegsehen, aber innerlich auf Distanz zum anderen gehen.

Der Trick in der Arbeit mit den Seiten besteht in der Auflösung der Identifikation. Wir sagen: *„Eine Seite"* ist verletzt und nicht: „Ich bin verletzt". Auf die Frage: „Hat dich die Bemerkung verletzt?" würde man die Antwort bekommen: „Eigentlich nicht" oder „Nein", denn die Frage ist an das Ich gerichtet, und das glaubt ja, unempfindlich gegen Beleidigungen zu sein.

Es gibt kein Thema oder Problem, an dem nicht miteinander verstrickte und uneinige Seiten beteiligt wären. Deshalb ist der Umgang mit den Seiten grundlegend für die Selbsterforschung.

In der folgenden Übung geht es vorerst nur darum, die an einer Situation beteiligten Seiten voneinander zu unterscheiden. In den meisten Fällen genügt die Unterscheidung von zwei Seiten. Es kann mitunter aber auch sinnvoll sein, drei oder mehr Seiten herauszuarbeiten.

Übung 6: Die eine Seite und die andere Seite

Beginn: Ich schreibe die Situation, mit der ich mich befassen will. Dabei wähle ich nicht aus und ich versuche auch nicht, „richtig" oder „objektiv" zu schildern, denn es geht schließlich um mein subjektives Erleben.

Seiten: Dann untersuche ich die Sätze nach folgenden Gesichtspunkten:
– Welche unterschiedlichen Aussagen und Standpunkte kommen vor?
– Welche sind sich ähnlich?
– Welche verschiedenen Seiten zeigen sich? (Ich markiere diese Seiten mit verschiedenen Farben.)

Benennen: Wenn ich die unterschiedlichen Seiten herausgefunden habe, suche ich beschreibende Namen dafür. (Beispielsweise „die gutmütige Seite" versus „die egoistische Seite", „die fordernde Seite" versus „die verzichtende Seite", „die mutige Seite" versus „die ängstliche Seite".)

Integration: Dann stelle ich fest, mit welcher Seite ich in Bezug auf das Thema oder die Situation mehr identifiziert bin.
– Welche Stelle ist mir näher, welche ferner, welche vertraut, welche eher fremd?
– Welche Seite will ich erforschen (eventuell mit der Übung 5)?

Einseitig sein

Manchmal kann man zwar die an einem Thema beteiligten Seiten identifizieren, aber das hilft nicht, der Verwirrung zu entkommen. Meist liegt der Grund darin, dass die Identifikation zwischen zwei Seiten hin und her pendelt, sodass beide Seiten nicht deutlich werden. Im folgenden Monolog wird ein solches Pendeln deutlich.

„Eigentlich vermisse ich meinen Partner, aber dann fällt mir ein, dass er ja erst seit drei Tagen verreist ist. Ich möchte irgendetwas tun, um mich abzulenken, ins Kino gehen oder jemanden anrufen, aber dann komme ich mir albern vor. Ich habe doch gar keinen Grund, einsam zu sein, ich bin doch kein Kind mehr. Ich mag mich nicht so jammerig."

Die an diesem Beispiel beteiligten Seiten könnten wir „strenge Seite" und „bedürftige Seite" nennen. Die strenge Seite entspringt wahrscheinlich dem Denken, die bedürftige Seite dem Fühlen. Beide Anteile sind wenig bewusst, und es könnte hilfreich sein, sie ausführlicher zu erfahren.

In der folgenden Übung geht es darum, ganz bewusst einseitig zu sein und die andere Seite so lange fernzuhalten, bis sich eine Seite ausgedrückt hat. So können Aspekte deutlich werden, die vorher durch das Pendeln überlagert waren.

Übung 7: Einseitig sein

Beginn: Die am Thema beteiligten Seiten sollten unterschieden und benannt sein (siehe Übung 6).

Eine Seite: Ich lege im Zimmer eine Seite fest, gehe auf diese Seite und bin dort ganz bewusst einseitig (zum Beispiel: *liebevoll).* Ich spreche alle Gedanken, die zu dieser Seite gehören, laut aus und nehme die Gefühle wahr, die dabei entstehen. Ich achte darauf, dass die andere Seite sich zurückhält.

Andere Seite: Dann wechsele ich die Seiten im Zimmer und bin ganz bewusst einseitig (zum Beispiel *wütend).* Auch jetzt spreche ich alles laut aus, was zu dieser Seite gehört, und lasse die auftauchen Gefühle zu. Auch diesmal bin ich einseitig.

Information: Über welche Seite will ich noch mehr erfahren? Ich gehe auf diese Seite und finde mehr darüber heraus.

Integration: Welche neuen Informationen sind aufgetaucht? Was ist mir bewusster geworden? Sind es Gedanken, Gefühle oder etwas anderes? Wie gehe ich mit der Erfahrung um? Will ich sie wirken lassen oder etwas tun?

Teile benennen und betrachten

Manchmal ist es sinnvoller, eine Situation nicht nach Seiten, sondern nach Teilen zu untersuchen. Diese Möglichkeit bietet sich beispielsweise an, wenn ein Teil von außen auftaucht, man ihn also nicht ohne weiteres als zu sich gehörend empfinden kann.

Vor Kurzem ärgerte sich einer unserer Klienten darüber, in eine Radarfalle geraten zu sein. Da ihm das wiederholt passiert war und er schon einige Punkte in Flensburg gesammelt hatte, schimpfte er heftig auf die Polizei und war ganz offensichtlich mit „Schnelligkeit" identifiziert – er war „der Eilige, der Gehetzte". Als solchen hatten wir ihn auch in den Sitzungen erlebt, und der Stress, unter dem er litt, war einer der Gründe, warum er in die Beratung kam.

Wir fragten ihn: *„Welchem Teil sind Sie da begegnet? Was für ein Teil ist das Radargerät?"* Nach einigem Suchen kam er auf den Gedanken, dass das Gerät ein ruhender Teil war. Es stand! Es stand da und wartete! Es stand da und beobachtete! Die anschließende Frage: *„Welcher Teil von Ihnen braucht dieses Radargerät?"* brachte dann die Versöhnung mit dem Vorfall, denn *„der Raser braucht es, daran erinnert zu werden, sich Zeit zu lassen"*. In der Tat ist es in diesem Fall das Gerät, das – positiv gesehen – sagt: „Du bist zu schnell, du bist eine Gefahr für dich und andere".

Ein weiteres Beispiel für den Umgang mit Teilen ist eine Frau, an deren Fuß sich die Haut häufig entzündet. Da die Frau in ihrem Beruf viel laufen muss, sind diese Entzündungen nicht nur störend, sondern auch einschränkend. Im Laufe ihrer Selbsterforschung identifiziert die Frau den Fuß als einen „sehr empfindsamen Teil, der viel Pflege und Zuwendung braucht". Sie erkennt schließlich: *„Ich gönne mir im Allgemeinen wenig, weil ich mir so viel vorgenommen habe. Irgendwie komme ich in dem ganzen Trubel doch zu kurz."*

Die Arbeit mit Teilen kann unter dem Aspekt sehr hilfreich sein, dass man sich selbst und andere Menschen so sieht, wie sie sind: als Wesen mit sehr unterschiedlichen, manchmal widersprüchlichen Persönlichkeitsanteilen, die je nach Situation im Vordergrund oder im Hintergrund stehen.

Beispielsweise kann man einem Menschen nicht gerecht werden, wenn man ihn als „ängstlich" bezeichnet. Er hat ängstliche Anteile, aber es gibt sicher auch ganz andere Anteile in ihm. Niemand ist ein „großartiger Mensch" – er mag großartige Anteile haben. Die Betrachtung der unterschiedlichen Teile kann also zu einer versöhnlichen Haltung sich und anderen gegenüber beitragen.

In der folgenden Übung geht es darum, Teile zu identifizieren und zu benennen. Dann entstehen möglicherweise Einsichten, oder es tauchen Ideen darüber auf, wie wir mit diesen Teilen umgehen wollen. Es kann sich dabei um störende oder angenehme Teile handeln. Die Teile können aus mir selbst kommen oder von außen. Der Teil, über den ich unabhängig davon, ob ich ihn positiv oder negativ empfinde, mehr erfahren will, nenne ich hier den „faszinierenden Teil".

Übung 8: Teile benennen und betrachten

Faszination: Mit welcher Situation möchte ich mich befassen? Welcher Teil fesselt meine Aufmerksamkeit? Woran bleibt meine Aufmerksamkeit hängen?

Teil: Wie erlebe ich den faszinierenden Teil? Ist er ein Teil von mir, kommt er aus mir? Oder kommt er von außen auf mich zu?

Beschreiben: Ich beschreibe diesen Teil schriftlich ganz neutral und ohne Wertung, aber detailliert in seinen Einwirkungen und Auswirkungen. Was tut er? Was kann er? Welches sind (ganz wertneutral) seine Fähigkeiten?

Benennen: Ich gebe dem Teil einen Namen (eventuell einen beschreibenden Namen).

Integration: Ich suche Antworten auf die folgenden Fragen:
– Welchem Teil begegne ich da?
– Welche Fähigkeiten hat er?
– Welcher andere Teil von mir braucht das, was passiert?
(Zwei Beispiele für Antworten: Für welchen Teil von mir kann es gut sein, angegriffen zu werden? Eventuell für den Teil, der sich wehren will. Welchem Teil begegne ich im ablehnenden Verhalten meines Partners? Eventuell einem Teil, der mehr Ruhe will.)

Ein fremder Teil sein

Fremd ist alles, was zum Nicht–Ich gehört. Fremd sind möglicherweise die eigenen Aggressionen oder die anderer, fremd ist möglicherweise Empfindsamkeit oder Fröhlichkeit, Direktheit oder Offenheit, fremd kann die Veränderung im Äußeren oder im Verhalten des Partners sein. Fremd sind plötzlich auftretende Krankheitssymptome oder seltsame Träume und Fantasien.

In der folgenden Übung geht es darum, die Erfahrung des Fremden zu machen. Als Beispiel dient eine Frau, die in der verbalen Angriffslust ihres Mannes einem bedrohlichen und zerstörerischen Teil begegnet. Der Mann schreit und klagt sie an, ihr bleibt dieses Verhalten unverständlich, „weil es gar nicht meine Art ist, so zu schreien". „Schreien" und „bedrohlich sein" sind der Frau in diesem Beispiel also fremd. Der Mann erscheint als Täter, die Frau als Opfer.

Wir fordern die Frau auf, uns zu zeigen und uns hören zu lassen, wie ihr Mann sich verhält. Nach einigen Versuchen demonstrierte sie sein Schreien und seine Drohungen recht genau. Wir lassen sie das einige Minuten lang erfahren und fragen dann, was gut an diesem Verhalten sei. „Zu schreien finde ich nicht gut, aber zu drohen ist gut, da ist Macht drin", lautete die Antwort. Wir fordern sie nun auf, ihrem Mann (der nicht anwesend war) zu drohen, und sogleich fängt die Frau an, ihre Opferrolle zu verlassen. Sie wird zur Täterin, indem sie klarmacht, dass sie sich seine verbalen Übergriffe nicht länger gefallen lässt und ihn notfalls verlassen wird, wenn er nicht damit aufhört.

Ein weiteres Beispiel für die Erfahrung eines fremden Teils ist der Juckreiz sein, den ein junger Mann während der Beratung erlebt. Seine Haut juckt, und er kratzt sich ständig, um die Empfindung loszuwerden. Als er versuchte, „das Jucken zu sein", wird er ärgerlich. Spontan fallen ihm die Arbeitskollegen ein, von denen er sich eingeschränkt fühlt und denen er in der letzten Zeit aus dem Weg gegangen war. Er nahm sich vor, einige Dinge zu klären.

Übung 9: Ein fremder Teil sein

Die Anweisung der Übung lautet: „Sei der müde Teil, sei der faule Teil, sei der Kopfschmerz, sei der egoistische Teil, sei der feige Teil, sei der schwache Teil, sei der bedrohliche Teil" – kurzum, sei das, was dir fremd ist, was dich stört und mach die Erfahrung davon. Dann stelle fest, wozu der Teil gut ist.

Beginn:	Ich suche die Situation bzw. das Thema und die darin enthaltenen Teile.
Fremdes:	Welcher Teil, welches Verhalten, welches Gefühl, welches Bild, welche Körperempfindung ist mir fremd? Was stört mich? Wie nenne ich diesen Teil?
Erfahrung:	Dann stelle ich mir vor, ich wäre nicht Ich, sondern dieser Teil. Ich nehme mir Zeit, diese Vorstellung zu entwickeln. – Wie verhalte ich mich als der Teil? – Was denke, fühle, tue ich?
Agieren:	Dann verlasse ich meine normale Identifikation und agiere als der fremde Teil. Ich spreche, schreie, schweige, bewege mich, erstarre. Ich tue, was immer der Teil will und tut.
Integration:	Im Anschluss daran beantworte ich folgende Fragen: – Welche Erfahrungen habe ich gemacht? – Wie habe ich mich erlebt? – Was ist gut oder positiv oder faszinierend daran? – Welche Eigenschaften/Qualitäten verbergen sich in dem fremden Teil? – In welchen Situationen möchte ich so sein oder so einen Teil zur Verfügung haben? – Wie könnte ich das auf eine akzeptable Weise tun, was der Teil tut?

Mit Gestalten arbeiten

Die Entwicklung von Gestalten ist der nächste Schritt bei der Selbsterforschung. Hier werden Elemente der vorangegangenen Übungen aufgegriffen und weitergeführt.

Unter „Gestalt" verstehen wir die symbolische Figur eines Persönlichkeitsaspektes. Indem man sein Empfinden, Denken oder Verhalten personifiziert, entdeckt man leichter, *wer man noch ist* und was dieser Teil der Persönlichkeit will.

Gestalten können aus Wahrnehmungen, Empfindungen und Verhaltensweisen, aus Körperspannungen, Bildern, aus einer spezifischen Reaktion usw. gebildet werden. Eine Gestalt ist wie ein vollständiger Mensch. Sie kann Gefühle, Gedanken, Fantasien haben, Bewegungen ausdrücken und auch Beziehungen eingehen.

Ein Beispiel dazu ist eine 52-jährige Frau, die sich oft schwach fühlt und Angst hat, krank zu werden. Wir fordern sie auf, diesem Gefühl eine Gestalt und der Gestalt einen Namen zu geben. Sie zeigt daraufhin einen leidenden Gesichtsausdruck, nimmt eine gebückte Haltung ein und nennt sich „die Kranke".

„Die Kranke" erzählt von einer schwierigen Vergangenheit und von Verletzungen aus den letzten Jahren. Sie erklärt, „an Leib und Seele krank zu sein" und „dringend Heilung" zu brauchen. Nachdem sie eine halbe Stunde nicht der Mensch, der sie normalerweise ist, sondern „die Kranke" war, fängt die Frau zu begreifen an, dass ihr Schwächegefühl und ihre Angst vor Krankheit einen realen Hintergrund haben. Sie braucht tatsächlich Heilung und Abstand von ihrem Alltag, vielleicht eine Kur oder etwas Ähnliches.

Im Folgenden werden wir verschiedene Seiten der Persönlichkeit mithilfe von Gestalten herausarbeiten und sie damit greifbarer und bewusster machen. Natürlich sind solche Gestalten einseitig, aber das ist ihr Recht. Scheuen Sie sich nicht, so ein einseitiger Typ zu sein – nur dann werden Sie Informationen in Reinform erhalten.

Wem geschieht es?

Der Ausgangspunkt für diese Übung ist der Persönlichkeitsteil, mit dem man identifiziert ist und der etwas erfährt oder erleidet – also das Ich.

Wer wird von anderen zur Seite gedrückt? Der Zurückhaltende! Wer bekommt den Hammer auf den Finger? Der Unachtsame! Wer findet keine Freunde? Der Verschlossene! Wem passiert die Traurigkeit? Dem, der gut gelaunt sein will! Wen regt der Stau auf der Straße auf? Den Eiligen!

Dies sind nur Beispiele, an ihnen sollten Sie sich nicht orientieren. Schließlich haben Menschen viele Facetten und Verhaltensmöglichkeiten. Machen Sie die Übung, um herauszufinden, wer *Sie* in einer bestimmten Situation, an diesem Tag, in einem ganz bestimmten Verhalten sind. Jede Gestalt beinhaltet einen ganzen Komplex von zueinander gehörenden Gedanken, Überzeugungen, Gefühlen, Ansichten und Haltungen. Es ist interessant zu entdecken, wie diese Gestalten in das Leben eingreifen.

Übung 10: Wem geschieht es?

Anlass:	Eine Situation, mit der ich unzufrieden bin. Schwierigkeiten mit anderen Menschen. Körpersymptome, störende Gefühle oder Fantasien.
Ereignisse:	Ich mache mir klar, was ganz genau in der Situation geschieht. Wenn nötig, schreibe ich die Abläufe auf.
Gestalt:	Dann mache ich mir klar, wem das zustößt, wem das nicht passt, wen das stört, wen das nervt, wer da nicht will. Ich finde einen Namen für diese Gestalt. Ich mache mir die Gefühle und Gedanken, Erwartungen und Vorstellungen der Person klar, der es passiert und die es stört.
Aktion:	Dann verlasse ich meine Identität und verwandle mich in diese Gestalt, fühle ihre Gefühle, denke ihre Gedanken, halte und bewege mich so wie sie. – Wie verhalte ich mich als diese Gestalt? – Was genau denke ich? – Wovon bin ich überzeugt? – Was sind meine Erwartungen?
Integration:	Wenn ich die Gestalt bewusst „gelebt habe", verwandle ich mich in meine normale Identität zurück. – Was ist mir deutlich geworden? – Kann ich momentan der sein, der ich sein will? – Sollte ich ein anderer werden?

Wer stört?

Das Ich ist in gewisser Weise immer das Opfer des Nicht–Ich, das als Täter auftritt, indem es stört. In dieser Übung geht es um den Versuch, die Identifikation mit dem Ich als Opfer zu verlassen und auf bewusste Weise der Täter zu sein. Es geht also um eine personifizierte Erfahrung des Nicht–Ich.

Als Beispiel dient ein normalerweise eher ruhiger Mann, der über einen störenden „Druck auf dem Brustkorb" klagt. Wir fordern ihn auf, den Druck ganz genau zu beschreiben. Dann soll er sich vorstellen, er wäre der Druck. Er nimmt ein Kissen und presst ein Knie darauf und ruft mit Nachdruck: „Na, wie ist das? Reicht das, oder soll ich noch fester drücken? Soll ich dich zerquetschen?" Nach diesem Ausbruch ist er einen Moment lang verwirrt. Dann meint er: „Ich wusste gar nicht, dass ich so energisch sein kann."

Offensichtlich war er sehr angetan von der Kraft und Entschiedenheit, mit der er Druck ausübte, und es fielen ihm genügend Situationen ein, in denen er diese Entschlossenheit gut gebrauchen könnte, Situationen, in denen er bisher unter dem Druck anderer gelitten hatte.

Übung 11: Wer stört?

Anlaß:	Ein Mensch, der mich stört. Oder ein Körpersymptom. Oder ein Ereignis oder eine Situation.
Ereignisse:	Ich stelle fest, was ganz genau mich stört. Wenn es ein Symptom ist: Was geschieht mir, und wie geschieht es? Drückt, zieht, reizt... es? Wenn es ein Mensch ist: Was macht er? Wie empfinde ich ihn? Wenn es eine Situation ist: Was stört mich genau? Und wie?
Gestalt:	Dann stelle ich mir vor, eine Person würde so etwas tun. Ich finde einen Namen für diese Gestalt und verwandle mich in diese Gestalt.
Aktion:	Jetzt mache ich als die Gestalt alles, was zu ihr gehört. Ich mache es mit der Person, die ich normalerweise bin. Ich bin der Täter, und mein altes Ich ist das Opfer. Wie verhalte ich mich? Was tue ich? Was mache ich mit zu ihr (dem normalen Ich)? Was sind meine Fähigkeiten?
Integration:	Ich verwandle mich in meine normale Identität zurück. – Was ist mir deutlich geblieben? Was von der störenden Gestalt kann ich wo und wie gebrauchen? – Wie würde das mein Verhalten oder mein Leben bereichern?

Wer werde ich?

Manchmal wird man von Ereignissen betroffen, auf deren Verlauf man wenig oder keinen Einfluss hat. Alt zu werden ist ein solcher Vorgang. Arbeitslos zu werden kann ein solcher sein. Einen geliebten Menschen zu verlieren, bedeutet unter Umständen, ein einsamer Mensch zu werden.

In diesen Fällen verändert sich eine Identifikation unabhängig vom Willen, einfach durch Ereignisse, durch das Verhalten anderer Menschen, durch Politik oder soziale Umstände. Werde ich „der Langsame" durch einen Unfall?, „der Rasende" durch einen juckenden Hautausschlag, „die Gelassene" durch einen Erfolg, „der Harte" durch einen Streit oder „der Unsichere" durch die Trennung vom Partner?

Als Beispiel möge ein Mensch dienen, dessen Kind von jemandem bedroht wird. Selbst wenn er normalerweise ein zurückhaltender oder ängstlicher Typ ist, wird er sich meist mutig und ohne Zögern vor sein Kind stellen und sich in einen Kämpfer verwandeln.

Wir erinnern uns an eine Familie, in der die Mutter alle mit den Kindern zusammenhängenden Arbeiten übernommen hatte. Der Vater ging arbeiten und wollte sonst nicht allzu viel mit den Kindern zu tun haben. Als die Mutter starb, entwickelte er sich zu einem sorgenden und liebevollen Vater. Die Ereignisse hatten ihn verändert.

Chronische Krankheiten können unter dem Gesichtspunkt der Identitätsveränderung betrachtet werden und dadurch einen Sinn erhalten. Wenn wir schon keine Macht über eine Entwicklung haben, ist es doch hilfreich zu verstehen, was sie aus uns macht.

Die folgende Übung dient dazu herauszufinden, wie Ereignisse, der Kontakt zu Menschen, ein Vorfall die eigene Identifikation verändern. Da so eine Veränderung des Ich nur selten schlagartig geschieht, lautet die passende Frage hier: „Wer bin ich dabei zu werden?"

Übung 12: Wer werde ich?

Anlass: Ereignisse, Vorfälle, Prozesse. Ich betrachte die Entwicklung der letzten Tage oder Wochen (Monate oder Jahre) Was ist in dieser Zeit alles geschehen?

Veränderung: Was haben die Ereignisse aus mir gemacht? Wie beeinflussen Sie mich?

Fantasie: Ich male mir eine Fantasie aus:
– Wenn die Entwicklung in diese Richtung weitergeht und ich sie nicht aufhalten kann, wer werde ich dann sein?
– Was wird die Entwicklung aus mir machen?

Gestalt: Ich entwickle eine Gestalt, die so ist, wie ich mir den Endpunkt meiner Entwicklung vorstelle.
– Wie nenne ich diese Gestalt?
– Was denke ich, fühle, tue ich als diese Gestalt?
– Wie lebe ich?
– Was kann ich Neues, und was kann ich nicht mehr?

Integration: – Wie denke ich über die Entwicklung?
– Liegt es in meiner Macht, etwas zu tun?
– Will ich die Entwicklung geschehen lassen?

Eine Schattengestalt

Schattengestalten sind Aspekte der Persönlichkeit, die man nicht mag, es sind die sogenannten „negativen Seiten", die von Mensch zu Mensch verschieden sind und die wir aufgrund unserer Wertungen für negativ halten.

Der Ausgangspunkt dieser Übung sind Körperspannungen. Als Beispiel dient eine Frau, die in mit Menschen angefüllten Räumen Beklemmungen entwickelt.

Wir fordern die Frau auf, sich solch eine Situation vorzustellen und die körperlichen Spannungen exakt zu beschreiben. Sie sagt: „Alles in mir zieht sich zusammen und duckt sich. Die Leute glotzen mich an und rücken mir mit ihren Blicken auf den Pelz. Ich werde immer angespannter und habe nur noch einen Gedanken: Raus hier!"

Wir schlagen ihr vor, sich noch mehr auf die Körperspannung, das Zusammenziehen zu konzentrieren. Sie entdeckt, dass sie sich ganz hart macht und verschließt. „Werden Sie die Person, die sich verschließt." Daraufhin macht sie sich noch härter und ruft schließlich laut und mit wachsendem Vergnügen: „Nein!"

Nachdem sie sich als „Nein" ausgetobt hat, fühlt sie sich wohl und glaubt, „jetzt keine Angst mehr zu haben, in einen Raum voller Menschen zu gehen". Außerdem findet sie es „toll, einfach Nein zu sagen". Ich hatte geglaubt, ich müsste ein positiver Mensch sein!" Tatsächlich fiel es ihr von da an leichter, sich in überfüllten Räumen aufzuhalten, sie sich „notfalls wehren" konnte.

Übung 13: Eine Schattengestalt entwickeln

Anlass: Ich nehme Körperempfindungen wahr, über die ich mehr erfahren will.

Spannung: Wo sind Spannungen? Wo und wie zieht oder drückt es? Wie kann ich diese Spannungen noch verstärken? Wie atme ich, wenn ich das tue?

Gestalt: In was für ein Wesen verwandle ich mich, wenn ich den Spannungen folge? Welche Haltung nehme ich ein?

Aktion: Wie bewege ich mich als diese Gestalt? Welche Geräusche und Kräfte entwickle ich? Welche Worte und Sätze kommen mir in den Sinn? Was bereitet mir als diese Gestalt ganz besonderes Vergnügen? Genau das tue ich!

Integration: – Wo, in welchen Situationen und wie, auf welche Art und Weise, könnte mir solch eine Gestalt helfen?
– Was sind ihre besonderen Fähigkeiten?
– Was könnte sie für mich tun?
– Wie gehe ich mit diesen Erkenntnissen um?

Eine Fantasiegestalt

Wenn die Realität keinen Ausweg zeigt, begibt man sich oftmals in die Welt der Fantasie. Man träumt davon, jemand anderes zu sein. Wenn ich ... Herkules, Sokrates, Einstein wäre, ein Tiger, ein Nashorn, ein Adler, dann   wüsste ich, was zu tun ist.

In solchen Bildern zeigt sich zweierlei. Zum einen die Festlegung auf die momentane Identifikation, beispielsweise „Ich bin kein Adler", „Ich kann nicht fliegen" oder „Ich muss laufen". Zum anderen werden Hilfswesen aus der Fantasiewelt herbeigerufen, die bestimmte Eigenschaften haben. Wenn man der Fantasiegestalt zuhört und sie erfährt, wird deutlich, was man braucht. Man erfährt mehr über seine tatsächlichen Ziele und darüber, was an diesem Punkt des Lebens wichtig ist.

Was würde ich tun, wenn ich ein Adler wäre und fliegen könnte? Ich würde hoch in die Luft fliegen und mir alles ganz genau anschauen. Dann würde ich mich auf mein Ziel stürzen und es packen. Oder würde ich weit weg in meinen Horst fliegen und ganz allein sein?

Übung 14: Eine Fantasiegestalt

Anlass:
Ich träume öfter davon, jemand anderes zu sein. Oder ich bin einem Menschen begegnet, den ich ganz besonders faszinierend finde, den ich bewundere, und ich möchte wie er sein. Oder aber ich bin von einem Tier fasziniert und frage mich warum. Es kann sich auch um ein Naturereignis handeln, das mich fasziniert, beispielsweise ein Erdbeben oder ein Vulkanausbruch.

Eigenschaften: Was kann derjenige, der ich träume zu sein? Was ist das Besondere an diesem Menschen, Tier? Was tut er/es und wie? Wie bewegt er/es sich?

Gestalt:
Ich verlasse meine normale Identität und verwandle mich in den Menschen bzw. das Tier bzw. das Naturereignis. Wie ist mein Name?

Aktion:
Wie verhalte ich mich als diese Gestalt? Was tue ich? Was ist meine Lust? Was muss ich tun? Was sage, denke, fühle ich als diese Gestalt?

Integration:
Nachdem ich die Gestalt erfahren habe:
– Was sind die besonderen Fähigkeiten dieser Gestalt?
– Wie, wo und wozu kann ich so eine Gestalt gebrauchen?
– Wie gehe ich mit dem Ergebnis der Übung um?

Eine Gefühlsgestalt

Wenn man sich lange auf eine festgelegte Weise verhält, tauchen mitunter ungewöhnliche oder verwirrende Gefühle auf.

Wer beispielsweise lange Stunden ernsthaft und konzentriert arbeitet, wird eventuell feststellen, dass er allmählich albern wird. Er fängt an, Witze zu machen, oder er wird unruhig und zappelig.

Als Beispiel dient eine junge Frau, die eine sie erschreckende Gemeinheit gegenüber ihrem seit einigen Monaten arbeitslosen und „durchhängenden" Mann entwickelte. „Ich würde ihn manchmal am liebsten in den Hintern treten oder auslachen, aber dann sehe ich, wie schwer er es hat, und dann tut er mir leid."

Wir fordern sie auf, eine Gestalt aus diesen Gefühlen zu formen. Nach einigem Zögern gelingt es ihr, und sie wird gegenüber ihrem Mann (der nicht anwesend ist) ganz und gar gemein. Sie verhöhnt ihn, drückt ihn in den Dreck, bespuckt ihn und verachtet ihn „nach Herzenslust".

Nach der Übung findet sie dieses Verhalten „unmöglich". Erst auf die Frage: „Was kann diese Gestalt denn, was ist gut an ihr?" fällt ihr eine Antwort ein, mit der sie etwas anfangen kann. „Die Gemeine sagt offen und ohne Rücksicht ihre Meinung." - „Was ist denn Ihre Meinung?" wollten wir wissen. „Dass er mir nicht leid zutun braucht und dass es jetzt an ihm liegt, sich endlich selbstständig zu machen, wie er es schon seit Jahren will."

Übung 15: Eine Gefühlsgestalt entwickeln

Anlass: Ich erlebe Gefühle, die ich nicht verstehen kann. Oder Gefühle, die ich nicht „gut" finde. Oder ein anderer Mensch erlebt Gefühle, die ich so nicht kenne und die mich interessieren.

Gefühl: Was ganz genau fühle ich? Kann ich das Gefühl benennen? Ist es Wut, Eifersucht, Traurigkeit, Albernheit, Hass? Wie wirkt sich das Gefühl auf meinen Körper aus? Was kann ich tun, um es noch mehr zu fühlen?

Gestalt: Ich verlasse meine normale Identität und stelle mir vor, ganz und nur dieses Gefühl zu sein.
            – Was tue ich als diese Gestalt? Was sage ich so? Was denke ich? Wovon bin ich überzeugt? Was kann ich, wenn ich so bin? Was traue ich mich in diesem Zustand?

Integration: – Wie denke ich über diese Seite von mir?
             – Was kann sie zu meinem Leben beitragen?

Dialoge führen

Dialoge gehören zu den fortgeschritteneren Anwendungen der Selbsterforschung. Trotzdem gibt es Menschen, die sie ohne Vorkenntnisse exakt und mühelos führen können. Das liegt wahrscheinlich daran, dass alle Anteile des Menschen und seiner Welt ständig miteinander kommunizieren, beispielsweise wenn man Selbstgespräche führt oder sich fragt, was ein bestimmtes Ereignis oder ein Symptom einem „sagen" will. Der größte Teil der inneren Kommunikation geschieht allerdings unbewusst.

Dialoge in der Selbsterforschung dienen der Bewusstwerdung eines Konfliktes, indem sie dem Nicht–Ich zusätzliche Ausdrucksmöglichkeiten verschaffen oder eine Identifikation klarer machen. Dialoge lassen sich zwischen Teilen, Seiten, Gestalten und Personen führen. Sie verbinden, was auseinandergefallen, beispielsweise Bewusstes und Unbewusstes, Traum und Bewegung, Gefühl und Verstand.

Ein Dialog bringt also verschiedenartige oder widersprüchliche Kräfte in Kontakt miteinander. Nicht selten lassen sich so Lösungen für die Spannungen und Konflikte zwischen dem Ich und dem Nicht–Ich erarbeiten. Manchmal ist es erstaunlich, was ein Mensch erfahren kann, wenn er einen bewussten Dialog mit sich selbst führt. Wir erinnern uns an einen Mann mittleren Alters, der selbstbewusst in die Beratung marschierte und sagte:

„Ich bin Ingenieur. Ich möchte mein Privatleben jetzt einmal in die Hand nehmen und klar Schiff machen. In meinem Beruf klappt das ja auch. Was soll ich machen?"

„Wir arbeiten nicht mit Ingenieuren, wir arbeiten nur mit Menschen", antworteten wir.

Daraufhin erklärte der Mann, gerade im Menschlichen lägen seine Probleme. Er sei oft unsicher und wisse nicht recht, wie er sich vor allem Frauen gegenüber verhalten solle. Anstatt ihm Ratschläge zu geben, ermutigten wir ihn daraufhin, einen Dialog zwischen „dem Ingenieur" und „dem Menschen" zu führen. Es war der Ingenieur, der sich die folgenden offenen Worte anhören musste:

„Menschen sind eben unsicher. Wenn du immer sicher sein willst, dann bleib doch zu Hause und vergrab dich in deine Berechnungen. Was soll eine Frau mit einem Ingenieur? Etwa Formeln mit ihm austauschen? Zeig dein menschliches Gesicht!" Der Mann hatte neben seinem Wissen als Ingenieur auch Verständnis für seine menschliche Seite. Er verließ die Beratung mit dem Vorsatz, in seiner Freizeit weniger Ingenieur und mehr Mensch zu sein.

Zwei Seiten führen einen Dialog

In den folgenden Übungen reduzieren wir unsere Anweisungen ein wenig. Der Selbsterforscher sollte auf seine Erfahrungen mit Gestalten, Seiten oder Teilen zurückgreifen oder diese gegebenenfalls vertiefen. Trotzdem sollten Sie den Anweisungen zum Dialog genau folgen, denn nur dann wird er den gewünschten Erfolg bringen. Beispielsweise kommt es sehr darauf an, die im inneren Konflikt miteinander verwobenen Seiten zu trennen und auseinanderzuhalten. Nur so können sie sich auch auseinandersetzen.

Übung 16: Zwei Seiten führen einen Dialog

Ziel: Einen Kontakt zwischen verschiedenen Persönlichkeitsseiten herbeiführen.

Seiten: Ich finde die Wahrnehmungsebenen heraus, auf der sich die Seiten eines Konfliktes äußern. Beispielsweise stehen sich gegenüber:
– ein Gefühl und ein anderes Gefühl,
– ein Gedanke und ein Gefühl,
– ein Gedanke und ein anderer Gedanke.

Einseitig: Ich gebe mir die Gelegenheit, die Seiten getrennt voneinander zu erfahren, und finde heraus, was das Gefühl, der Gedanke, das Bild etc. mitteilen will. Welche Aussage ist darin enthalten?

Dialog: Dazu nehme ich eine Seite ein, gehe auf eine Seite im Zimmer und äußere mich. Dann wechsle ich die Seite. Jetzt vertrete ich die andere Seite und antworte auf die erste Seite. So geht der Dialog hin und her, und ich wechsle jeweils die Seiten im Raum.

Ablauf: Ich berücksichtige im Dialog folgende Punkte:
Jede Seite hat das gleiche Recht und darf sich ausdrücken. Jede Seite verfolgt mit ihrem Verhalten eine bestimmte Absicht. Diese teile ich der jeweils anderen Seite mit.

Lösung Ich suche nach einer Lösung, in der die Absichten beider Seiten berücksichtigt werden. Nur wenn beide Seiten einverstanden und zufrieden sind, wird sich eine echte Lösung ergeben. Wenn ich mehr Informationen über eine Seite brauche, unterbreche ich den Dialog, um diese zu bekommen, und nehme ihn dann anschließend wieder auf.

Integration: Im Anschluss sinne ich über folgende Fragen nach:
– Was verstehe ich noch nicht genügend?
– Worüber brauche ich noch mehr Information?
– Was ist klar geworden?
– Welche Lösungsmöglichkeiten sind aufgetaucht?
– Wie gehe ich damit um?

Der Dialog der Seiten mag in der Übung noch zu keinem Abschluss führen. Eventuell muss er innerlich über einen kurzen oder langen Zeitraum wirken und wieder aufgegriffen werden, bis eine akzeptable Lösung auftaucht.

Teile führen einen Dialog

Wenn Sie in einer Situation keine Seiten, aber Teile erkennen können, lassen Sie diese in einen Dialog miteinander treten. Beispiele für unterschiedliche und daher zum Dialog geeignete Teile sind etwa:

– Ein empfindlicher Teil und ein grober Teil, ein eiliger Teil und ein lahmer Teil, ein verletzter Fuß und Gedanken zum Zustand des Fußes, ein Gegenstand undeine Person, ein Gegenstand und ein anderer Gegenstand.

Es mag ungewohnt sein, beispielsweise einen Fuß oder einen Gegenstand sprechen zu lassen. Wenn Sie sich aber mit den bisherigen Übungen vertraut gemacht haben, wird Ihnen dies nicht schwerfallen.

Ein Messer könnte z. B. sagen: „Ich trenne, ich schneide durch", oder etwas anderes. Ein Bett könnte sagen: „Ich wärme dich" oder auch „Ich halte dich fest", oder etwas Ähnliches. Wenn Sie beginnen, Teile sprechen zu lassen, werden Sie die Dinge, mit denen sie sich umgeben, eventuell mit anderen Augen sehen.

Übung 17: Teile im Dialog miteinander

Ziel: Verständnis schaffen oder eine Lösung finden.

Teile: Ich suche die Teile heraus, die in Konflikt liegen.

Absicht: Ich erfahre die Teile getrennt voneinander und finde heraus, was der jeweilige Teil tun will, was seine Absicht ist. Ich spreche alle Gedanken aus.

Dialog: Dann werde ich ein Teil (beispielsweise der verletzte Fuß) und spreche als dieser mit dem anderen Teil. Was halte ich von ihm? Was denke oder fühle ich in Bezug auf ihn? Was halte ich von seiner Absicht?

Ablauf: Ich beachte im Dialog unbedingt folgende Punkte:
– Jeder Teil hat das gleiche Recht und darf sich ausdrücken.
– Ich unterscheide zwischen dem konkreten Verhalten und der dahinterstehenden Absicht der Teile.
– Ich suche nach einer Lösung, in der die Absichten beider Teile berücksichtigt werden.

Integration: Im Anschluss beantworte ich folgende Fragen:
– Was verstehe ich jetzt besser?
– Worüber brauche ich noch mehr Information?
– Welche Lösungsmöglichkeiten sind dabei aufgetaucht?
– Wie gehe ich damit um?

Gestalten führen einen Dialog

Der Dialog zwischen Gestalten ist die vollendete Form des Dialoges. Denn hier kommt die Arbeit mit Körperhaltungen hinzu.

Ganz wie in einem realen Dialog zwischen Menschen verändert sich im Laufe des Kontaktes der Gestalten deren jeweilige innere Haltung, beispielsweise von Verschlossenheit zu mehr Offenheit, von Ignoranz zu Anteilnahme. Jetzt geht es darum, solche innere Haltung sichtbar auszudrücken, in Körperhaltung und Gesichtsausdruck.

Im Dialog zwischen Gestalten nimmt man wahr, wie ein Satz, ein Gefühl oder eine Aktion die Gestalt auf der anderen Seite erreicht und eventuell verändert. Wenn der Übende dann auf die andere Seite geht und die andere Gestalt wird, nimmt er auch deren veränderte Körperhaltung, Gesichtsausdruck etc. ein. So geht der Dialog hin und her. Die Haltungen bleiben dabei entweder gleich (was allerdings sehr unwahrscheinlich ist, denn dann würde sich nichts bewegen) oder verändern sich (dann kommt etwas in Bewegung).

Wenn Sie die Übungen mit Gestalten durchgeführt haben, werden Sie ohne weitere Anleitung den Dialog zwischen Gestalten führen können. Als zusätzliches Beispiel haben wir einen Dialog zwischen dem „Inneren Kind" und dem „Inneren Erwachsenen", also zwischen einer Gefühlsgestalt und einer Verstandesgestalt, ausgewählt. Mehr zu diesen Symbolgestalten finden Sie weiter hinten.

Übung 18: Gestalten im Dialog

Gestalten: Sie können alle in Ihrer Selbsterforschung auftauchenden Gestalten miteinander in Dialog treten lassen.

Seiten: Wichtig ist es, vor der Übung im Raum Seiten für die Gestalten festzulegen.

Haltung: Ebenso wichtig ist es, die sich während des Dialoges verändernden Körperhaltungen einzunehmen.

Information: Sie werden auf diese Weise eine Menge Informationen erhalten.

Grenze: Wenn zwei Gestalten im Dialog „festhängen" und sich in dem Hin und Her nichts Neues ergibt, wenn die Verhandlung festgefahren ist, helfen Pausen oder die Arbeit mit Distanz, wie sie in den Übungen zu Distanz dargestellt ist.

Ein Dialog zwischen dem Inneren Kind und den Inneren Erwachsener

Der Ausgangspunkt für dieses Beispiel ist die Situation „Lustlosigkeit an der Arbeit". Der Übende hat als Teil des Konfliktes ein Gefühl auf der einen Seite und Gedanken auf der anderen Seite identifiziert und daraus die Gestalten des Inneren Kindes (IK) und des Inneren Erwachsenen (IE) geformt.

IK: Ich habe keine Lust mehr. Ich will nicht immer nur arbeiten. (Setzt sich mit verschränkten Armen auf den Fußboden und nimmt eine Verweigerungshaltung ein.)

IE: Es hat doch keinen Sinn, so bockig zu sein, du weißt doch genau, wie wichtig die Arbeit ist. Also reiß dich zusammen und komm hoch. (Steht mit in die Hüften gestutzten Armen in einer Art Drohhaltung. Nimmt wahr, dass bei seinen Worten das Kind auf der Gegenseite sich noch mehr verschließt.)

IK: (Nimmt weiter die verschlossene Haltung ein.) Nein, nein, nein! Ich will auch Spaß haben im Leben, aber du verlangst immer nur mehr von mir. (Hier taucht eine Absicht des sich verweigernden Kindes auf. Spaß haben.)

IE: (Diese Bemerkung verändert auf der Gegenseite die Haltung. Der IE bückt sich und wendet sich dem IK zu.) Ja, sicher will ich auch Spaß haben. Aber erst mal muss ich doch was erreichen. Denk mal an die Möglichkeiten, die wir dann haben. (Versucht das Kind zu überzeugen und zu überreden. Nimmt wahr, dass das Kind sich von ihm wegdreht.)

IK: (Dreht sich weg.) Das sagst du schon seit Jahren. Ich hatte mir das Leben anders vorgestellt. Ich bin enttäuscht und sauer. Ich möchte viel lieber ... (zählt seine Sehnsüchte und Wünsche auf und weint etwas. Nimmt wahr, dass der IE berührt ist, sich ihm noch mehr zuwendet).

IE: (Berührt das IK vorsichtig an der Schulter.) Ja, du bist wohl sehr traurig. (Spürt und erkennt den Zustand der Gefühlsgestalt und realisiert, dass er auf die Gestalt Rücksicht nehmen muss. Er macht erste Vorschläge, die das IK berücksichtigen.)

An diesem Punkt kommen sich IK und IE näher. Der Mensch nimmt seine Gefühle besser wahr und erkennt die Absichten hinter den Gefühlen der Lustlosigkeit deutlicher. Ihm wird klar, dass er seine Gefühle stärker berücksichtigen muss, wenn er Spaß an der Arbeit haben will. Sonst wenden sich seine Gefühle ab, und er brennt aus.

Das Beispiel soll zeigen, dass es beim Dialog der Gestalten auf die klare Trennung der Gestalten durch Einnehmen ihrer jeweiligen Haltungen und auf das reale Wechseln der Seiten im Raum ankommt.

Der Körper „weiß"

Die in den folgenden Abschnitten aufgeführten Übungen sind „Entdeckungsreisen". Die Ausgangsebene ist dabei oft der Körper, denn der Körper verfügt über zahlreiche Informationen aus dem Nicht–Ich, die vom Verstand nicht oder noch nicht erfasst sind.

Vom Körper ausgehend führen die Entdeckungsreisen entweder in andere Wahrnehmungsebenen hinein oder schlagen Brücken dorthin. Diese Übungen sind ebenfalls sehr grundlegend für die SElbsterforschung.

Machen, was der Körper macht

Bevor eine Reaktion das Bewusste erreicht, taucht sie meist schon vorher auf einer anderen Wahrnehmungsebene auf, oft auf der körperlichen. Deshalb kann die Beschäftigung mit Körpersignalen sehr aufschlussreich sein. In der folgenden Übung geht es darum, den Körper in seinen Äußerungen zu unterstützen und so deren Sinn zu entdecken.

Als Beispiel haben wir einen Mann ausgewählt, der in einem langen Gespräch mit seiner Freundin nervös mit den Fingern auf den Tisch trommelt. Als er diese Bewegung entdeckt, intensiviert er sie. Schließlich wird ihm deren Bedeutung klar. Er sagt: „Ich will nicht mehr zuhören. Wenn du nichts Neues zu sagen hast, können wir das Gespräch beenden."

Der Körper weiß, bevor wir es wissen. Entdecken Sie seine Botschaften!

Übung 19: Machen, was der Körper macht

Ziel: Vertiefen des Erlebens einer Situation.

Thema: Ich spreche zu einem bestimmten Thema oder denke darüber nach.

Körper: Während ich mich damit befasse, achte ich auf meine Körperhaltung und auf meine Bewegungen. Welche Haltung nehme ich ein? Welche Bewegungen geschehen?

Aktion: Dann tue ich das, was der Körper tut, *noch mehr*. (Wenn der Körper eine Faust macht, mache ich sie fester. Wenn das Bein zuckt, zucke ich absichtlich mehr.)

Absicht: Das tue ich so lange und so intensiv, bis ich die Bedeutung dieser Körperäußerung erkenne oder zumindest erahne.

Zeitrahmen: Mindestens 15 Minuten, besser 25-30 Minuten.

Integration: Nach der Übung beantworte ich folgende Fragen:
– Was ist mir näher gerückt?
– Was habe ich vorher nicht so wahrgenommen?

Vorgänge verkörperlichen

In der Sprache benutzt man oft Bilder, um einen Vorgang zu erklären. Man sagt beispielsweise: „Ich fühle mich kleingemacht." Diesen Vorgang kann man körperlich darstellen und so auf der Körperebene intensivieren. Darum geht es in der nächsten Übung.

Nehmen wir als Beispiel eine Frau, die sich über ihren Mann beklagt. Sie empfindet ihn als „Klotz am Bein". Diese Äußerung stellt ein Sprachbild dar. Man kann dieses Bild realer machen, indem man es wörtlich nimmt. Die Frau bindet sich etwas Schweres ans Bein. Sie versucht es mit mehreren Gegenständen, die sich jedoch als zu klein erweisen. Schließlich hat sie bei einer Matratze das Gefühl: „Ja, so ist das, so stimmt es!". Sie kann mit der Matratze am Bein nur wenige Schritte machen, dann wird sie bewegungslos und sagt: „Genau so fühle ich mich – durch ihn festgehalten und erstarrt."

Sie steht dort und spürt ihren Zustand. Dann tauchen Träume davon auf, Ballett zu tanzen, hohe Sprünge zu machen und fast zu schweben. Sie bindet die Last los und beginnt, sehr anmutig zu tanzen. Sie verändert sich von der „Bewegungslosen" zur „Tänzerin" und erkennt, dass sie ihrer Lust und ihren Hobbys „unabhängig von meinem Mann folgen muss". Sie will sich von ihm „losbinden".

91

Übung 20: Sprachbilder verkörperlichen

Ziel:	Vertiefen des Erlebens einer Situation.
Thema:	Ich spreche anschaulich über ein Thema und höre mir beim Sprechen zu, schreibe es auf oder nehme es mit dem Tonband auf.
Sprachbild:	Dann finde ich heraus, welche Sprachbilder ich benutze. Wie sieht so ein Bild aus?
Aktion:	Ich stelle jedes Bild im Raum und durch meinen Körper dar. Dann bleibe ich in dieser Haltung bzw. Bewegung solange, bis ich deutlich spüre, wie der Körper aus dieser Situation heraus reagiert, was er tun will.
Impulse:	Das tue ich dann ausgiebig und intensiv, mit Bewegung, Sprache und Gefühlen und allem, was auftaucht.
Zeitrahmen:	Mindestens 20 Minuten
Integration:	– Was sind meine Impulse in dieser Situation?
	– Was möchte ich „am liebsten" tun?
	– Wie kann ich diese Lust in die Ausgangssituation übertragen?

Hier noch einige Beispiele für Sprachbilder und Möglichkeiten damit umzugehen:

Sprachbild	**Aktion**
– Ich fühle mich an die Wand gedrückt.	– Drück dich an die Wand, als ob dich jemand dagegen drückt.
– Ich fühle mich fallen gelassen.	– Lass dich fallen, wie es deinem Empfinden entspricht.
– Ich fühle mich so niedergeschlagen.	– Leg dich auf den Boden, als ob du niedergeschlagen worden bist und spüre diesen Zustand.
– Ich möchte mich verkriechen.	– Verkrieche dich unter einer Decke.

Sich bewegen

In den Bewegungsübungen geht es darum, die momentane Identität zu verlassen und „die Bewegung" zu werden.

Die Übung lautet also nicht „Wie will *Ich* mich bewegen?", sondern „Wie will *der Körper* sich bewegen?". Ich und Körper sind durchaus nicht identisch.

Meine Bewegungen sollten anmutig sein, während der Körper möglicherweise Vergnügen an primitiven oder aggressiven Bewegungen entwickelt.

Übung 21: Bewegungsimpulsen folgen

Ziel: Über den Körper erfahren, was ich brauche.

Körper: Ich spüre meinen Körper und die Bewegungen, die aus ihm entstehen wollen.
        – Was will der Körper tun?
        – Wie will er sich bewegen? Zart, wild, sanft, langsam, schnell?
        – Ich nehme mir die Zeit, diese Impulse wahrzunehmen.

Bewegung: Dann folge ich den Bewegungen und erfahre mich intensiv darin. Was für Bewegungen entstehen?

Zeitrahmen: Mindestens 15 Minuten, besser 25-30 Minuten.

Identität: – Wer bin ich durch die Bewegung geworden?
        – In wen habe ich mich verwandelt?

Integration: – Welche Eigenschaften, Kräfte oder Qualitäten habe ich erfahren?
        – Wovon brauche ich mehr?

Gefühle mit Bewegungen verbinden

Manchmal ist man sich über seine momentanen Gefühle nicht im Klaren. Man kann sie zwar vage beschreiben, beispielsweise als „schlapp", „schleppend" oder „angespannt", fühlt sie aber nicht besonders deutlich. Das Gefühl mag innerlich bewegen, aber man hält es derart zurück, dass es einen nicht äußerlich bewegen kann. Die Übung dient dazu, die innerliche Bewegtheit in äußere Bewegung umzusetzen.

Als Beispiel dient eine Frau, die das Gefühl hatte, „platzen" zu können. Sie experimentierte mit den zum Gefühl passenden Bewegungen und endete damit „zu explodieren". Nachdem sie das ausführlich und mit wachsender Lust getan hatte, spürte sie ihren Willen deutlich. Sie sprach einige Dinge aus, die sie „so noch nicht gesagt hatte", und ging gestärkt in die Auseinandersetzung mit ihrer Familie.

Übung 22: Wie bewegt sich das Gefühl?

Ziel: Vertiefung der Gefühlsbewusstheit

Gefühl: Ich schreibe oder spreche über meine Gefühle und Empfindungen.

Beschreibung: Ich achte darauf, wie ich meine Gefühle beschreibe (beispielsweise leicht, schwer, schlapp, explosiv, feurig).

Aktion: Dann bin ich das, was ich fühle, *noch mehr,* indem ich mich auf die beschriebene Weise *bewege.* Wenn ich angespannt bin, bewege ich mich so. Wenn ich „platzen" könnte, tue ich so, als würde das geschehen, usw.

Zeitrahmen: Mindestens 20 Minuten

Integration: – Was habe ich über meine Gefühle erfahren?
– Was brauche ich?
– Wie kann ich mir das geben?

Tanzen

Bei der folgenden Übung ist Tanz nicht als Abfolge vorgeschriebener Bewegungen zu verstehen, sondern als Lust des Körpers, aus einer inneren Musik oder einem Rhythmus heraus eigene Bewegungen entstehen zu lassen.

Das Wort „Tanz" in dieser Übung ist also nicht als formalisierter Tanz zu verstehen, sondern als Ausdruck von Bewegungskräften.

Übung 23: Tanzen

Spüren: Ich stehe still und spüre in mich hinein.
               – Wie fühlt sich mein Körper an?
               – Ist er weich, hart, voller Energie, leer oder ... ?
               – Ich nehme Bewegungsimpulse wahr, ohne ihnen zu folgen.

Musik: Ich höre in mich hinein. Welche Musik oder welcher Rhythmus taucht auf? Wenn ich etwas Passendes habe, lege ich diese Musik auf.

Fantasie: Ich mache eine Fantasie davon, wie ich tanzen oder mich bewegen würde, wenn ich den Impulsen folgen würde. Ich bewege mich aber noch nicht, sondern schaue mir wie in einem Film beim tanzen oder bewegen zu.

Aktion: Dann gebe ich meinen Bewegungsimpulsen nach. Ich verwirkliche meine Fantasie, so gut es geht, und mache die Wechsel mit, indem ich mich von meinen Impulsen leiten lasse.

Integration: – Wer bin ich im Tanz geworden?

Eine Wahrnehmungsebene wechseln

Auch bei den folgenden Übungen geht es darum, einen Vorgang von einer Ebene auf eine andere Wahrnehmungsebene zu transportieren. Dadurch dehnt sich die Bewusstheit aus, etwa von der Verstandesbewusstheit auf die Körperbewusstheit oder von der Gefühlsbewusstheit auf die Beziehungsbewusstheit.

Achten Sie bei den Übungen darauf, den Inhalt der Ebene nicht zu verändern. Wenn Sie beispielsweise das Bild eines Vogels haben, der erhaben durch die Luft fliegt, und daraus das Gefühl „Niedergeschlagenheit" machen, haben Sie nicht nur die Wahrnehmungsebene gewechselt, sondern auch den Inhalt der Ebene verändert. Dann sind Sie an eine Grenze gekommen, weil Sie eventuell Schwierigkeiten haben, sich unabhängig und frei zu fühlen. Haben Sie beispielsweise den Gedanken: „Ich muss funktionieren" und verwandeln diesen in eine zackige, roboterartige Bewegung, haben Sie den Inhalt beibehalten und Sie werden ein tieferes Verständnis Ihrer Gedanken gewinnen.

Für jede der Übungen sollten Sie sich fünfzehn bis dreißig Minuten oder mehr Zeit nehmen. Manche haben die Tendenz, eine Übung abzubrechen, sobald eine Grenze auftaucht, glauben, die Übung sei vorbei. „Da kommt nichts mehr" oder „Da ist nichts mehr", beruhigt sich das Ich. Aber da ist bestimmt mehr! Lassen Sie sich Zeit!

Grundsätzlich lassen sich alle Wahrnehmungen auf andere Wahrnehmungsebenen übertragen. Die folgenden Übungen sind Anregungen dazu.

Übung 24: Wahrnehmungsebenen wechseln

Gedanken in Bewegungen verwandeln

Machen Sie sich klar, was Sie über ein Thema denken. Breiten Sie die entsprechenden Gedanken aus. Dann suchen sie nach Bewegungen, die zu den Gedanken passen. Probieren Sie verschiedene Bewegungen aus. Welche „stimmen"? Was wird klarer?

Bilder in Gefühle verwandeln

Malen Sie sich die Bilder und Vorstellungen, die Sie zu einem Thema haben, in allen Einzelheiten aus. Dann machen Sie ein Gefühl daraus. Atmen Sie auf eine entsprechende Weise. Wie fühlt sich das Bild an? Was wird deutlicher?

Gefühle in Bilder verwandeln

Konzentrieren Sie sich auf Ihre Gefühle. Was genau fühlen Sie? Lassen Sie Bilder zu diesen Gefühlen entstehen. Wie genau sehen diese aus? Was wird deutlicher?

Gefühle hören

Konzentrieren Sie sich auf Ihre Gefühle. Was genau fühlen Sie? Dann hören Sie in sich hinein. Wie klingt das Gefühl? Wie ein Schrei? Ein Wimmern? Ein Seufzer? Ein Lachen? Tun Sie es, und hören Sie ganz genau hin. Womit kommen Sie in Kontakt?

Bilder in Töne verwandeln

Wie „klingt" ein Bild? Verfolgen Sie ein inneres Bild, und lassen Sie Töne dazu entstehen. Klingt es weit? Eng? Freudig? Traurig? Lassen Sie eine Melodie aus Lauten entstehen! Danach fragen Sie sich: Wer bin ich in den Tönen geworden?

Sonden

Manchmal weiß man nicht, was mit einem los ist oder was einem guttun würde. Vielleicht meint man, etwas Bestimmtes zu brauchen. Da diese Gedanken zu einem Großteil aus dem Ich kommen, wird das Nicht–Ich dabei außer Acht gelassen.

Sonden sind eine gute Möglichkeit, Informationen aus dem Nicht–Ich zu erhalten. Sie machen klar, was man wirklich braucht, geben Kraft und wirken heilend.

Der Gebrauch von Sonden stellt *kein* positives Denken dar. Im positiven Denken denkt sich das Ich etwas aus und versucht dann, sich damit zu hypnotisieren. Bei Sonden nimmt man wahr, wie *der Körper* auf eine Aussage reagiert.

Eine Sonde wird abgeschickt und erreicht den Körper. Der Körper entscheidet dann selbst, ob er die Aussage ablehnt, dann baut er eine Grenze auf und lässt sie „draußen". Oder er nimmt sie an, dann breitet sie sich ihm Körper aus. So zeigen diejenigen Sonden, die man annehmen kann, entweder den eigenen Zustand an oder die eigenen Bedürfnisse.

Ein Beispiel hierfür ist die Aussage: „Es ist alles gut." Diese Sonde konnte ein Übender nicht annehmen, weil sie sich nicht mit seinem Empfinden deckte. Der Körper ließ sie „draußen". Der Übende verlangte nach einer veränderten Sonde „Es wird alles wieder gut werden". Diese Sonde konnte der Körper aufnehmen.

Beispiele für mögliche Sonden:
- Es ist in Ordnung, eifersüchtig zu sein.
- Es ist in Ordnung, verzweifelt zu sein.
- Du bist wichtig.
- Du darfst ruhig mal ...
- Es ist in Ordnung, müde zu sein.
- Du darfst dich ruhig aufregen.

Sonden sind Experimente. Es gilt, das Nicht–Ich erforschen, da man ihm keine Vorschriften machen und keine Vorstellungen aufzwingen kann. Sonden können Gefühle auslösen, und es kann gut tun, diesen Gefühlen nachzugeben. Beispielsweise mag die Sonde „Du darfst ruhig traurig sein" jemanden weinen lassen. Die Sonde „Du darfst dich freuen" kann jemanden dazu bringen, zu lächeln oder sich zu entspannen.

Übung 25: Sonden erfahren

Die Übung kann ich alleine oder mit einem Partner machen.

Anlass:	Ich will mehr über meinen gegenwärtigen Zustand erfahren. Ich will herausbekommen, was mir fehlt. Ich will erfahren, was mir Kraft gibt. Ich will mich heilen.
Körper:	Ich setze oder lege mich bequem hin und spüre meinen Körper. Ich gebe mir Zeit, anzukommen.
Hören:	Ich stelle mir die Frage: Welcher Satz, wenn ihn jetzt jemand aussspräche, würde mir wahrscheinlich guttun? Dann höre ich in mich hinein und lausche den Worten, die sofort oder nach einer Weile auftauchen.
Sonde:	– Wenn ich die Übung allein mache, spreche ich diesen Satz aus. – Sonst sage ich dem Partner, „Sage mir ... „ (die Sonde).
Partner:	Der Partner sagt die Sonde *unverändert* und in der von mir gewünschten Art und Weise und dem richtigen Tonfall. Sonden, die sich auf das persönliche Verhältnis der Übenden beziehen, sind ausgeschlossen! (Beispielsweise: „Sag mir, dass du mich magst.“).
Körperreaktion:	Dann nehme ich wahr, wie mein Körper auf die Sonde reagiert. – Lehnt er sie ab? – Nimmt er sie an und in sich auf?
Gefühle:	Welche Gefühle tauchen auf?
Hören:	Ich höre weiter in mich hinein. Will ich die Sonde korrigieren? Taucht eine neue auf?
Sonde:	Ich spreche die neue Sonde aus oder lasse sie mir geben.
Ablauf:	Ich höre abwechselnd nach Innen und spreche die Sonde aus bzw. lass sie mir geben, bis ich „satt“ bin.
Integration:	– Was ist mir klar geworden? – Was habe ich über meinen Zustand erfahren? – Was brauche ich? – Was ist momentan für mich wichtig?

Träume erforschen

Die Arbeit mit Träumen unterscheidet sich nicht sehr von der übrigen Arbeit mit sich selbst. Viele der bisher dargestellten Übungen können bei in der Arbeit mit Träumen verwendet werden, denn dort begegnet man sehr oft Persönlichkeitsanteilen oder Gestalten. Ebenso erlebt man etwas im Traum als Ich und etwas anderes als Nicht–Ich. Und auch die Grenze zeigt sich hier auf die eine oder andere Art.

Au den folgenden Seiten finden Sie Anregungen und Beispiele für den Umgang mit Träumen. Diese Übungen bauen auf den Grundlagenübungen auf und bedürfen daher keiner besonders detaillierten Darstellung.

Identifikation in Träumen

Ein Mann träumt, er wird an seiner Arbeitsstelle und aufgefordert, seine Visitenkarte herzugeben. Er greift in die Jacke, kann die Karte aber nicht entnehmen, weil seine Hand plötzlich in der Jacke festhängt. Dann muss er in die Chefetage, um das Ergebnis einer wichtigen Entscheidung einzuholen, das er für die Erledigung seiner Arbeit dringend braucht. Aber dort ist niemand, die ganze Etage ist leer. Er ist gezwungen, ohne eine Entscheidung „von oben"die Chefetage zu verlassen.

Untersuchen wir diesen Traum danach, wie sich das Ich und das Nicht–Ich darin zeigen.

Ich	Nicht–Ich
– Ich soll die Visitenkarte zeigen.	– Die Hand hängt fest.
– Ich will eine Entscheidung „von oben".	– Eine Entscheidung wird verweigert, niemand ist da.

Der Mann versteht den Traum folgendermaßen: *„Das Ich verhält sich so, wie ich es normalerweise tue. Ich passe mich an und lasse die anderen entscheiden. Das Nicht–Ich verweigert sich. Es zeigt die Karte nicht und lässt mich ohne Entscheidungen stehen. Ich glaube, es ist Zeit, mich weniger anzupassen und mehr meinen eigenen Standpunkt zu vertreten."*

Natürlich taucht dieser Traum, wie jeder andere Traum, in einem ganz bestimmten Lebenskontext auf; und nur in diesem ist er zu verstehen. Bei dem Mann ließen Spannungen mit seinen Vorgesetzten den Traum entstehen, und er zeigt ihm auch eine Lösung.

Übung 26: Das Ich und das Nicht–Ich in Träumen

Traum: Ich schreibe den Traum auf.

Ich: Dann untersuche ich den Traum im Hinblick auf das Ich. Was macht das Ich im Traum?

Nicht–Ich: Jetzt untersuche ich den Traum hinsichtlich des Nicht–Ich. Was *geschieht* (Ereignisse, Personen) Ungewöhnliches? Was kann ich im Traum als *nicht* zu mir gehörig bezeichnen? Welche neutrale Fähigkeit ist darin enthalten? Was fasziniert mich daran?

Integration: Stimmt das Traum–Ich mit meinem normalen Ich überein? Ich überlege, wie und wo mir die Fähigkeit des Nicht–Ich helfen könnte. Oder habe ich im Traum bereits eine veränderte Identität, ein fremdes Ich, angenommen? Wie war es, so jemand zu sein?

Schwellen und Grenzen in Träumen

In Träumen gelingt es leichter, Schwellen zu überschreiten und Grenzen zu passieren. Darin sehen wir eine wichtige Funktion des Träumens, denn wenn das Ich schläft, kann sich das Nicht–Ich fast ungehindert austoben. Gelangt man im Traum über eine Grenze, tut man etwas Ungewöhnliches oder sogar „Verwerfliches". Etwas auf jeden Fall, das nicht zur Normalität passt. Daher ist man später im Wachzustand erstaunt oder entsetzt über den Traum und läuft Gefahr, seine Botschaft nicht mitzubekommen.

Eine Frau träumt, ein Kind zu haben. Das Kind saugt zuviel Milch. Viele Menschen sammeln sich um Mutter und Kind und fordern die Mutter auf, das Kind abzusetzen. Doch die Frau sagt nur: „Na und – dann saugt es eben viel" und lässt das Kind saugen, wie es will. Im nächsten Augenblick ist das Kind drei Jahre alt und sagt: „Meine Mutter belügt mich immer."

Wir fragen die Frau, was in dem Traum Ungewöhnliches geschieht. Sie sagt *„Ich würde ein Kind nicht so viel saugen lassen, ich würde eher auf die Leute hören."* Im Traum allerdings ließ sie sich nicht von den Leuten beeindrucken, sondern stellte sich ihnen gelassen entgegen. Hier ist eine Grenze überschritten worden, die Grenze „Anpassung". Die Frau tut im Traum etwas, was sie normalerweise nicht tun würde, sie verlässt ihre normale Identität. Dieser Vorgang enthält die Botschaft des Traumes. „Hör auf dich selbst, stehe zu deinen Bedürfnissen, unabhängig von der Meinung anderer!"

In der nächsten Traumsequenz sagt ein Kind: „Meine Mutter belügt mich immer." - *„Das stimmt"*, sagt die Frau. *„Wenn das Kind im Traum meine Bedürfnisse symbolisiert, dann habe ich es oft belogen. Ich habe mir immer eingeredet, nicht so viel zu brauchen, und zurückgesteckt. Ich wollte nicht gierig sein. Ich glaube, ich bin emotional ganz schön hungrig, so wie das Kind im Traum."*

Übung 27: Schwellen und Grenzen im Traum

Traum: Ich schildere den Traum ganz neutral mit seinen Personen und Ereignissen und schreibe ihn auf.

Grenze: Dann stelle ich mir folgende Fragen: Was habe ich Ungewöhnliches im Traum getan oder erlebt? Welche positive Fähigkeit ist in diesem Verhalten enthalten?

Integration: Gibt es in mir eine Sehnsucht danach?
– Wie und wo könnte es mir helfen, diese Fähigkeit zur Verfügung zu haben?
– Tauchen Befürchtungen mit diesen Gedanken auf? Wenn ja, welche?

Teile in Träumen

Auch Gegenstände oder Menschen im Traum können als Teile der Persönlichkeit des Träumers gedeutet werden. Beispielsweise kann ein Auto, das durch eine Mauer rast, als ein energievoller und zielstrebiger Teil gesehen werden. Allerdings sollte eine solche Deutung nicht auf Überlegung beruhen, sondern auf der Erfahrung des entsprechenden Teiles.

Ein Mann träumt, dass auf dem Nachhauseweg ein großer Bussard vor ihm herfliegt. Er will abbiegen und zu seinem Haus fahren, aber er muss gebannt dem Bussard folgen. Dieser fliegt voraus in eine unendlich weite Landschaft. Der Mann bekommt Angst, den Weg nach Hause nicht zu finden, aber der Bussard lässt ihn nicht umkehren. Schließlich verwandelt er sich in den Vogel und fliegt als dieser über das Land.

Sinn bekommt der Traum, als er den „Teil" erforscht, den der Bussard darstellt. *„Es ist ein freier, unabhängiger Teil. Der Vogel zieht mich von zu Hause weg, von meinen normalen Wegen. Er schwingt sich in die Luft und schaut sich die Welt von oben an. Auch aus großer Höhe kann er erkennen, wo er hinwill, und er hat sein Ziel fest im Auge. Er fliegt darauf zu und lässt es nicht entkommen."*

Zielstrebigkeit, Freiheit, Unabhängigkeit sind die besonderen Fähigkeiten des Vogels. Der Mann entschließt sich, das Tier und seine Qualitäten als „Totemtier", als Wegweiser in seinen Alltag einzubeziehen. „Was würde ich jetzt tun, wenn ich ein Bussard wäre?"

Übung 28: Mit Teilen in Träumen umgehen

Traum: Ich beschreibe den Traum oder schreibe ihn in allen Einzelheiten auf.

Teile: Welche Teile kommen in dem Traum vor? Was tun sie? Wie nenne ich sie?

Aktion: Ich verlasse meine normale Identität und verwandle mich in solch einen Teil. Was kann ich als dieser Teil? Was tue ich? Über welche Fähigkeiten verfüge ich so? Dann erfahre ich die anderen Teile auf die gleiche Weise.

Integration: Wo und wie kann es mir helfen, solch einen Teil zur Verfügung zu haben? Wie kann ich solch einen Teil als Gegenstand symbolisch in meiner Nähe haben? Wie kann er mich daran erinnern?

Gestalten in Träumen

Eine weitere Möglichkeit, Träume zu nutzen, besteht darin, die in Träumen auftauchenden Gestalten besser kennenzulernen. Das ist am einfachsten möglich, indem der Übende die Identität der jeweiligen Gestalt annimmt, also gleichsam in die Haut der Figur schlüpft.

Eine Frau träumt, sie steht an einem Kreuz, an dem ein Mensch festgebunden ist, und hält ein Messer in der Hand. Sie schaut auf die leidende Gestalt und spürt plötzlich eine tödliche Wut in sich aufsteigen. Sie nimmt das Messer und will auf die Gestalt am Kreuz einstechen. Als das Messer in den Körper eindringt, wacht sie auf und denkt erschrocken: „Mein Gott, ich kann ja töten!"

Es lohnt sich nicht, diesen Traum mit dem Verstand und unter moralischen Kategorien zu betrachten. Sinnvoller ist es, die in ihm vorkommenden Gestalten zu erfahren. Die Frau nimmt also erst die Stelle der leidenden und danach die der wütenden Gestalt ein. Als sie sich „ans Kreuz hängt", sagt sie: *„Ja, diese leidende Haltung ist mir vertraut. So bin ich in meinem Leben oft, so hilflos und ein Opfer."* Als sie sich dann in die wütende Gestalt verwandelt, schreit sie die leidende Gestalt an: *„Jetzt hör endlich damit auf, dir leidzutun. Komm von deinem blöden Kreuz runter, und nimm dein Leben in die Hand!"* Sie wird wütend und tötet mit einem imaginären Messer die Leidende: *„Schluss, genug damit, genug gelitten, jetzt reicht's!"*

Nun ist ihr die Botschaft des Traumes klar geworden, und sie kann die wütende, tötende Gestalt als den Teil ihrer Persönlichkeit erkennen, der sich aufrichten und handeln will, der sich nicht länger als Opfer der Umstände oder anderer Menschen erleben will.

Einen interessanten Traum hatte ein Mann, der aufgrund geschäftlichen Misserfolgs in eine Krise geraten war und die Gefühle der Niedergeschlagenheit nicht fühlen wollte. Er bestand darauf, möglichst sofort wieder „auf die Beine" zu kommen, und dabei sollten wir ihm helfen. Seinen Traum schilderte er so:

„Ich liege im Bett und rufe meine Freunde an, damit sie mir bei der Arbeit helfen. Sie kommen vorbei und schauen mich an. Dann rufen sie einen Arzt. Der schaut mich an, dann telefoniert er. Kurz darauf kommen zwei Pfleger in weißen Kitteln und wollen mich in die Psychiatrie einliefern. Sie legen mich auf eine Trage und bringen mich zum Krankenwagen. Kurz bevor sie mich hineinschieben, springe ich auf und renne weg."

Dieser Traum macht Sinn. Das Ich möchte schnell wieder arbeiten, aber das Nicht–Ich, hier in Form der Freunde und des Arztes, „schaut ihn an" und erkennt, dass er krank ist. Also ruft es zwei fürsorgliche Gestalten, die Pfleger, herbei. Die geplante Einweisung in eine Psychiatrie zeigt, dass das Nicht-Ich sich über den Ernst der Lage im Klaren ist. Kurz bevor das Ich seine gewohnte Kontur verliert, springt es jedoch auf und läuft vor seinem Untergang davon, der darin bestanden hätte, zuzugeben, Pflege und Zuwendung zu brauchen.

Die Vorstellung, alle Gestalten eines Traumes seien Aspekte der eigenen Persönlichkeit, kann, wie die beiden Beispiele zeigen, sehr aufschlussreich sein. Sie steht im Zentrum der nächsten Übung.

Übung 29: Traumgestalten

Traum: Ich schildere den Traum oder schreibe ihn auf

Gestalten: Welche Gestalten tauchen darin auf? Was tun sie? Wie nenne ich sie?

Verwandlung: Ich verlasse meine normale Identität, verwandle mich nacheinander in diese Gestalten und erfahre sie dadurch getrennt voneinander.

Aktion: – Was kann ich als diese Gestalt?
            – Was ist das Faszinierende an dieser Gestalt?
            – Ich handle, denke und fühle als diese Gestalt. Wie ist die Beziehung der Gestalten zueinander?

Integration: – Wie und wo könnte mir solch eine Gestalt helfen?
            – Was sagt der Traum über meine Bedürfnisse aus?

Dialoge zwischen Traumfiguren

Selbstverständlich können Traumfiguren in der auf den Traum folgenden Selbsterforschung auch Dialoge miteinander führen – auch und gerade, wenn sie das im Traum nicht getan haben.

Als Beispiel dient der Traum einer 35-jährigen Frau. Sie liegt auf der Schräge einer Böschung, und von oben schießt jemand mit einem Maschinengewehr auf sie. Sie hat Angst, verletzt zu werden, deshalb duckt sie sich ins Gras. Sie darf ihre Angst nicht zeigen, da sie dann ihren Standort verrät. Also liegt sie still da.

In der Selbsterforschung erfährt sie abwechselnd den Schützen und die ängstliche Person. *„Der Schütze ist brutal, rücksichtslos und gibt keine Gnade. Er bekommt, was er will, wenn nicht, dann tötet er. Die ängstliche Gestalt ist sensibel und verletzlich und muss sich vor der Gewalt verstecken. Sie darf ihre Angst nicht zeigen. "*

Im Dialog konfrontiert die verletzliche Gestalt den Schützen mit seiner Brutalität. Nachdem einige Sätze gewechselt sind, wird die Frau sehr traurig. Sie erkennt: *„So wie der Schütze verhalte ich mich gegenüber meinem Freund. Wenn er nicht will, wie ich will, mache ich ihn zur Schnecke. Er ist dann verletzt und macht dicht. "*

Sie gibt der Traurigkeit nach und entschuldigt sich bei ihrem Freund (er ist nicht anwesend). Dadurch macht sie eine weitere Entdeckung: *„Es ist seltsam. Ich hatte Angst vor Traurigkeit, weil ich mich damit meist klein und schwach fühlte. Jetzt fühle ich mich seltsamer Weise stark darin. "*

Übung 30: Traumdialoge führen

Traum: Ich suche alle im Traum beteiligten Gestalten.

Dialog: Dann lasse ich die Gestalten miteinander sprechen. Ich wechsle dabei räumlich die Seiten und körperlich die Haltungen wie in den Übungen mit Gestalten.

Ziele: Welche Absichten und Ziele verfolgen die Gestalten?

Lösung: Worauf können sie sich in ihrem Dialog einigen?

Integration: Welche Seiten meiner Persönlichkeit werden durch diese Gestalten dargestellt? Wobei und wie könnten sie mir helfen, wenn sie zusammenarbeiten?

Mit der Vergangenheit umgehen

Verschiedene Bewusstseinszustände

Wenn man Menschen beobachtet, kann man feststellen, dass sie sich in ganz unterschiedlichen Bewusstseinszuständen aufhalten. Für die Selbsterforschung ist es sinnvoll, diese Zustände zu unterscheiden. Wenn Menschen alltägliche Dinge tun, sprechen wir vom Normalbewusstsein. Fantasierend oder träumend befinden sie sich im Zustand der Zukunft. Gehen sie Erinnerungen nach, halten sie sich im Zustand der Vergangenheit auf. Wenn sie etwas Sinnliches erleben, sind sie im Zustand der Gegenwart, und wenn sie sich selbst oder andere beobachten oder betrachten, im Zustand der Distanz.

Wie beschrieben, betrachten wir Vergangenheit als einen Bewusstseinszustand. Man befindet sich unter ihrem Einfluss, wenn man die Welt durch Augen und Ohren und mit den Gefühlen und Gedanken des Kindes wahrnimmt, das man einmal war. Da Menschen sich aber zumeist für erwachsen halten, wird der immense Einfluss der Vergangenheit nur selten bewusst. Doch im Grunde genommen beruhen die meisten unserer Gefühle, Gedanken, Verhaltensweisen, Vorlieben und Gewohnheiten auf den Erlebnissen der Kindheit.

Wie wir in unserem Buch „Change – Lust mit Veränderung" eingehend geschildert haben, verhalten sich Menschen aufgrund ihrer Kindheitserlebnisse mit dem Verstand zu den eigenen Gefühlen wie sich die Eltern zu dem Kind verhielten, das sie einmal waren.

Waren Eltern beispielsweise hart zu einem, geht man hart mit sich um. Waren sie distanziert, hat man wenig Kontakt zu den eigenen Gefühlen. Haben sie Druck ausgeübt, verlangt man viel von sich selbst. Waren sie liebevoll und aufmerksam und haben zugleich Grenzen gesetzt, hat man gelernt, mit Gefühlen umgehen und ist ihnen nicht ausgeliefert.

Von den Eltern lernt man zu Beginn des Lebens alles. Sie repräsentieren überwiegend die Verstandeskräfte, während Babys und Kleinkinder überwiegend Gefühlskräfte äußern. Erst im Laufe der Jahre übernehmen die Kinder die Denkmuster der sie umgebenden Erwachsenen und bilden so den „Inneren Erwachsenen". Es entstehen ganz bestimmte Identifikationen und Überzeugungen vom Leben, von sich selbst und von den Menschen. Beispielhaft für sich negativ auswirkende Grundüberzeugungen sind:

– Ich muss mich anstrengen, um Aufmerksamkeit zu bekommen.
– Ich muss gut sein, etwas leisten, sonst bin ich nichts wert.
– Ich muss aufpassen, sonst ziehe ich den Kürzeren.
– Ich stecke alles weg, mir macht das nichts.

– Ich muss kämpfen, sonst gehe ich unter.
– Das Leben ist sinnlos.
– Im Leben ist man doch allein.
– Man darf niemand anderem trauen.

Vergangenheitsbewältigung

Es gibt eine ganze Reihe solcher Überzeugungen, und sie lassen im Laufe eines Lebens eine ganz bestimmte Realität entstehen. Da sie in der Regel aber unbewusst wirken, bekommt man ihren Einfluss erst zu spüren, wenn sie in eine Sackgasse geführt haben. Dann geht es darum, die eigenen Gefühle und Gedanken zu reflektieren und einen neuen Standpunkt zum Leben einzunehmen.

Das Ziel dieser Vergangenheitsbewältigung ist, sich mit dem eigenen Verstand zu den eigenen Gefühlen so zu verhalten, wie liebevolle Eltern und ein sich geliebt fühlendes Kind miteinander umgehen.

Wie sieht dies nun praktisch in der Arbeit mit sich selbst aus? Ein wesentlicher Teil der Vergangenheit wird veränderbar, wenn man sich die eigenen Fühl– und Denkweisen bewusst macht. Da die bestimmenden Kräfte der Vergangenheit Gefühl und Verstand sind, bietet sich für die Selbsterforschung der Gebrauch von Symbolgestalten an. Mit ihrer Hilfe können Gedanken und Gefühle sowie deren Kontakt bzw. Konflikt bewusster werden.

Das Innere Kind und der Innere Erwachsene

Im Zusammenhang der Selbsterforschung bieten sich zum Umgang mit Vergangenheit die Symbolgestalten das Innere Kind (IK) und der Innere Erwachsene (IE) an.

Die Arbeit mit diesen Symbolgestalten hat sich vor allem bewährt bei starken Gefühlen, bei zu starker Vernunftbetonung, bei emotionalen Krisen und immer dann, wenn grundlegende Lebenshaltungen verändert werden wollen. Allerdings sollten sich die Übenden bei der Selbsterforschung darüber im Klaren sein, dass grundlegende Lebenshaltungen nicht sofort durch „eine Übung" verändert werden können. Was sich in den prägenden Jahren der Kindheit entwickelt und ein Leben lang verfestigt hat, kann nicht „schlagartig" aufgelöst werden. So besteht ein Haupteffekt der Arbeit mit IK und IE darin, die Aufmerksamkeit für das Wirken dieser Kräfte im Alltag zu schärfen, neue Umgangsformen zwischen Verstand und Gefühl zu entwickeln und diese im Laufe der Zeit quasi zu „trainieren", sodass sie alte Verhaltensweisen ablösen können.

Im Folgenden geben wir Anregungen, die in ihrer Struktur auf den Grundlagenübungen mit Gestalten aufbauen. Es sollte also für den geübten Selbsterforscher kein großes Problem sein, mit diesen zu experimentieren.

Übung 31: Kontakt zum Inneren Kind aufnehmen

Anlass:	Ich nehme meine Gefühle undeutlich wahr oder ich leide unter einem Gefühl und suche einen Ausdruck dafür, beispielsweise wenn ich mich gelangweilt, gereizt, aggressiv, traurig fühle.
Gefühle:	Ich richte meine Aufmerksamkeit auf die Gefühle. Wo genau und wie fühle ich mich?
Atem:	Wie atmet sich dieses Gefühl? Flach, mehr ein oder mehr aus, seufzend ...? Ich atme auf diese Weise intensiver.
Körper:	Was geschieht mit meinem Körper, während ich genauer fühle? Zieht er sich zusammen, streckt er sich, welche sonstigen Bewegungen entstehen?
Haltung:	Ich lasse meinen Körper die Haltung einnehmen, die zu den Gefühlen passt, oder die Bewegungen machen, die er machen will.
Kind:	In dieser Haltung, mit diesen Gefühlen und diesem Atem: Wie alt fühle ich mich jetzt? Ich verlasse meine normale Identität und werde ein Kind dieses Alters.
Fragen:	Als dieses Kind beantworte ich einige Fragen: – Wie geht es dir? Was lässt dich so... fühlen? – Was ist geschehen? – Was brauchst du, wonach sehnst du dich? – Wie kannst du etwas davon jetzt erleben? Mit dir selbst?
Aktion:	Ich lasse das Kind seine Gefühle leben. Ich: – weine, wenn ich traurig bin, – tanze oder springe, wenn ich fröhlich bin, – schimpfe oder wüte, wenn ich aggressiv bin, – erlaube mir Angst zu haben, wenn ich ängstlich bin, – suche Schutz, wenn ich Schutz brauche.
Ausklang:	Wenn ich meine Gefühle empfunden oder ausgelebt habe, nehme ich meine normale wieder Identität an.
Integration:	Was nehme ich aus der Übung mit? Was ist deutlicher geworden? In welchem Zustand befindet sich das Innere Kind? Welche Bedürfnisse äußert es? Wie denke ich darüber?

109

Aufmerksamkeit für das Innere Kind

Da das Innere Kind für die emotionalen, unvernünftigen, spontanen Seiten der Persönlichkeit steht, bedeutet ihm Aufmerksamkeit zu geben zugleich, sich Bedürfnissen zuzuwenden.

Übung 32: Aufmerksamkeit für das Innere Kind

Was es tut	Was es sagt	Was es braucht
Es versteckt sich.	Ich habe Angst ...	Schutz, Kontakt ...
Es ist misstrauisch.	....	....
Es ist traurig.	....	....
Es ist fröhlich.	könnte ausflippen ...	tanzen, singen ...
Es ist frech.	....	....
Es ist wütend.	....	....
Es ist einsam.	....	....

Kuscheln, Spaß haben, weinen, lachen, staunen, böse oder wütend sein, etwas brauchen, seelische Wunden heilen, sich nähern – dies und unzählige andere Bedürfnisse gehören in die Welt des Inneren Kindes.

Bedürfnisse und Erwartungen konkretisieren

Ärger und Enttäuschung sind die Ausgangspunkte der nächsten Übung. Wenn man solche Gefühle erlebt, verhält man sich oft anklagend und vorwurfsvoll. Meist sind solche Anklagen indirekte Versuche, Bedürfnisse mitzuteilen.

Ein Beispiel wäre eine Frau, die ihrem Mann den Vorwurf macht: „Du unternimmst nie etwas mit mir!" Der Mann geht ausdrücklich auf Abstand und verschließt sich. Wäre die Frau in der Lage zu sagen: „Ich habe Langeweile" oder: „Ich habe Lust, mit dir das oder das zu tun", wäre eine effektivere Kommunikation möglich. Allerdings kann niemand Bedürfnisse mitteilen, über deren Vorhandensein er sich nicht bewusst ist. In der folgenden Übung geht es darum, die Bedürfnisse hinter den Anklagen zu entdecken, sodass diese direkt mitgeteilt werden können.

Die Übung ist nicht so einfach, wie sie zu sein scheint. Lassen Sie nicht locker, bis Sie bei echten Ich–Aussagen angekommen sind. Wenn der Vorwurf lautet: „Du kümmerst dich nicht um mich", dann ist beispielsweise der Satz „Ich fühle mich einsam" eine echte Ich–Aussage. Der Satz „Ich fühle mich einsam, weil du dich nicht um mich kümmerst" ist jedoch nur ein weiterer versteckter Vorwurf.

Übung 33: Bedürfnisse konkretisieren und Erwartungen verdeutlichen

Anlass: Ich mache jemandem Vorwürfe. Ich ärgere mich über jemanden. Ich möchte meine Erwartungen besser kennenlernen.

Du: Ich schließe die Augen und beginne damit, Vorwürfe auszusprechen. Dabei beginne ich mit „DU ... !"

Innen: Zwischen den einzelnen Vorwürfen fühle ich in mich hinein. Welche Gefühle tauchen auf? Ich stelle fest, welche neuen Vorwürfe und Formulierungen auftauchen und mache diese.

Ich: Ich achte darauf, welche echten Ich–Aussagen, also Aussagen über meinen Zustand oder meine Bedürfnisse, auftauchen. Nach einiger Zeit äußere ich nur noch echte Ich–Aussagen. Ich bleibe für mindestens fünf Minuten bei echten Ich–Sätzen.

Integration: Was ist mir klarer geworden? Wie kann ich meine Bedürfnisse oder meinen Zustand unmittelbar und direkt mitteilen?

Übung 34: Sich Bedürfnisse erfüllen

In dieser Übung geht es darum, dass Sie sich etwas von dem geben, das Sie brauchen. Bleiben Sie so lange dabei, bis Sie entdeckt haben, wie Sie ein Bedürfnis *gleich jetzt* zumindest teilweise erfüllen können.

Bedürfnisse: Welche Bedürfnisse habe ich? Was will ich dürfen, wessen bedarf ich?

Erfüllen: Wie kann ich mir von dem geben, was das Innere Kind braucht?

Entscheidung: Was tue ich ganz konkret und wann? Was kann ich jetzt gleich tun (es gibt immer verschiedene Möglichkeiten)?

Integration: – Was verbiete ich mir?
– Was traue ich mich nicht?
– Was habe ich mich getraut?

Müssen und dürfen –
das Verhältnis von Gedanken zu Gefühlen

Jeder hat im Laufe seines Lebens viele Überzeugungen und Zwänge verinnerlicht. Die meisten davon sind unbewusst und wirken daher unbemerkt. Man bekommt nicht mit, was sie im Leben bewirken. Man tut einfach etwas, weil man entsprechend fühlt oder denkt, weil man es immer so gemacht hat oder weil es eben „so ist".

Die folgende Übung dient dazu, die hinter einem Verhalten stehenden Zwänge und Überzeugungen bewusster zu machen. Wenn man weiß, aus welchen Gefühlen bzw. Gedanken heraus man etwas tut, hat man zumindest eine Wahl – es zu tun oder zu lassen.

Füllen Sie ein Blatt Papier nach Vorgabe der folgenden Übung aus, und stellen Sie fest, in welchem Verhältnis der *Zwang des Müssens* auf der einen Seite und die *Alternative des Dürfens* auf der anderen Seite in Bezug auf Ihr Thema stehen.

Übung 35: Müssen, Zwänge, Verbote

Thema: Ich stecke das Thema ab. Mit welchem Verhalten will ich mich befassen? Was ganz genau tue ich in einer Situation? Wie handle ich?

Benennen: Wie benenne ich dieses Verhalten?

Überzeugungen: Dann suche ich nach den Überzeugungen, Aussagen, Gedanken oder Gefühlen, *die dieses Verhalten notwendig machen*. Ich konzentriere mich ganz einseitig auf das benannte Verhalten und lasse andere, nicht zum beschriebenen Verhalten gehörende Aspekte außer acht.

Konkretes Verhalten	Zwänge/Verbote
Ich tue	Ich muss ....
Ich mache	Ich soll ....
....	Ich darf nicht ....
....	Ich soll nicht ....

Dauer: Diese Liste lässt sich nach Bedarf verlängern. Ich nehme mir mindestens 20 Minuten Zeit und lasse mich davon überraschen, was alles noch auftaucht, wenn ich mit meiner Aufmerksamkeit nach innen gehe und dort für eine ganze Weile bleibe.

Integration: Welche Zwänge sind mir bewusst geworden? Wovon bin ich überzeugt? Wie wirkt sich dieses Verhalten in meinem Leben aus?

Befürchtungen und Ängste verdeutlichen

In dieser Übung geht es darum, die hinter bestimmten Verhaltenszwängen stehenden Befürchtungen deutlicher werden zu lassen. Bitte beachten Sie, dass solche Befürchtungen meist emotionaler und nicht rationaler Natur sind. Es geht also auch darum, sich Ängste einzugestehen.

Übung 36:
Befürchtungen und Ängste verdeutlichen

Thema: Ich suche das Thema aus und beschreibe mein Verhalten in der entsprechenden Situation.

Benennen: Dann benenne ich das Verhalten.

Formular: Ich fülle das folgende Formular aus, dabei lasse ich die Antworten aus meinem Inneren aufsteigen. Ich lasse mich von den Antworten überraschen und denke mir diese nicht aus.

Müssen	Nicht dürfen	Sonst
Ich muss	darf nicht	sonst ....
Ich soll	soll nicht	sonst ....
....	....	....
....	....	....
....	....	....
....	....	....

Dauer: Ich lasse mir mindestens 20 bis 30 Minuten Zeit, um die Antworten aus meinem Inneren aufsteigen zu lassen.

Integration: Welche Befürchtungen sind deutlich geworden? Wie wirkt sich das daraus entstehende Verhalten auf mein Leben aus? Welche Befürchtungen halte ich für angemessen, welche nicht? Wie will ich damit umgehen?

Kontakt zum Inneren Erwachsenen aufnehmen

Manchmal ist man sich der Gedanken nicht bewusst, die ein Verhalten bestimmen. Oder man wird von Gefühlen beherrscht und braucht den Verstand als Gegengewicht zu Emotionen. In diesen Fällen kann es gut sein, Kontakt zum Inneren Erwachsenen aufzunehmen.

Übung 37:
Kontakt aufnehmen zum Inneren Erwachsenen

Ziel:	Den Einfluss der Gedanken erkennen.
Gedanken:	Ich mache mir die Situation klar, in der ich bin. Was denke ich über die Situation? Was denke ich über mein Verhalten und meine Gefühle? Bin ich zum Beispiel streng, weich, hart, gleichgültig oder wie sonst?
Haltung:	Ich verlasse meine normale Identität und nehme eine Haltung ein, die ganz einseitig meine Verstandesseite darstellt. Möglicherweise gehört dazu auch eine Geste oder eine Bewegung.
Sprechen:	Ich spreche alle Gedanken, Überzeugungen und Meinungen aus, die zu dieser Haltung gehören. Ich mache mir ganz einseitig klar, was ich als dieser Erwachsene denke.
Fragen:	Ich antworte als dieser Erwachsene auf folgende Fragen: – Was denkst du über dich (den Menschen)? – Was denkst du über seine Gefühle? – Was über sein Verhalten? – Wie beurteilst du ihn? – Was hältst du für richtig und was für falsch?
Integration:	Wenn alles Gedachte ausgesprochen ist, nehme ich wieder meine normale Identität an. Nachdem ich mich ausgeruht habe, sinne ich über folgende Punkte nach: – Was denke ich über mich? Bin ich liebevoll zu mir, oder verurteile ich mich? – Was für ein Erwachsener ist das? Ist er den Gefühlen zugewandt oder verachtet er sie eventuell sogar? – Wenn ich ein Kind wäre, würde ich dann solch einen Erwachsenen als Elternteil haben wollen? – Wie sollte ein erwachsener Elternteil idealerweise sein? – Was würde er mir erlauben?

114

Dialog zwischen dem Inneren Kind und dem Innerem Erwachsenen

Wenn wir ein Problem haben, verhalten wir uns, wie schon erwähnt, mit unserem Verstand zu unseren Gefühlen, wie unsere Eltern sich zu uns als Kind verhielten. Dann waren sie eventuell streng oder haben uns für unsere Gefühle ausgelacht oder sie ignoriert. In der Selbsterforschung bezeichnen wir solch eine Situation als Kontakt zwischen den Dunklen Erwachsenen und dem Dunklen Kind, also den nicht liebenden Eltern mit dem ungeliebten Kind.

Übung 38: Dialog Inneres Kind/ Innerer Erwachsener

Ziel: Das Ziel dieses Dialoges ist es, einen Kontakt herzustellen, wie er zwischen liebevollen Eltern und einem sich geliebt fühlenden Kind bestehen würde, also den Kontakt von hellen Eltern zum hellen Kind. Das beinhaltet auch das Ziehen von Grenzen, allerdings auf der Grundlage von Verständnis und Fürsorge.

Dialog: Der Dialog selbst entspricht dem Dialog zwischen Gestalten. Achten Sie darauf, beiden Seiten uneingeschränkt das Recht auf Ausdruck zu geben. Alle Gefühle dürfen gefühlt und ausgelebt, ebenso alle Gedanken gedacht und ausgesprochen werden.

Integration: Stellen Sie fest, ob Sie am Ende des Dialoges mit sich selbst so umgehen können, wie es ideale Eltern mit ihrem Kind tun würden. Wenn dies der Fall ist, werden sie möglicherweise eine der folgenden Möglichkeiten als Lösung finden:
– Sie akzeptieren die Gefühle, die da sind, ohne sich dafür zu verurteilen.
– Sie lassen sich Zeit für Entwicklungen und machen sich nicht selbst „fertig".
– Sie verändern ihre Meinung über sich selbst oder die Menschen.
– Sie lassen dem Verstand oder auch dem Gefühl mehr Aufmerksamkeit zukommen.
– Sie gehen rücksichtsvoller mit sich um.

Der Zustand des Inneren Kindes

Ein Beispiel aus dem Alltag eines Paares mag das Wirken von Innerem Kind und Innerem Erwachsenen verdeutlichen. Die Frau hat „eine Spitze abgeschossen", ihren Mann also mit einer Bemerkung verletzt. Verfolgen wir zuerst beim Mann die inneren Abläufe vor und nach der Selbsterforschung:

Inneres Kind (Gefühl)	Innerer Erwachsener (Verstand)
Aua, das trifft mich!	Das ist doch nicht so schlimm, sie hat es nicht so gemeint.
Es ist aber gemein und ungerecht.	Nun stell dich nicht so an! Schließlich sind wir verheiratet. Da fällt schon mal ein hartes Wort.
Schweigen. *(Seine Gefühle verschließen sich, die Traurigkeit wird abgeschnitten, bleibt aber als dumpfes Gefühl in der Herzgegend erhalten.)*	Schweigen *(Er hält sich für tolerant.)*

Ergebnis: Äußerliches Freundlichsein, innerliches Verletztsein (setzt ein nettes Gesicht auf und tut so, als ob nichts gewesen wäre).

Der Ablauf funktioniert auf die beschriebene unproduktive Weise, weil er unbewusst geschieht. Machen wir diese Vorgänge in einem Dialog zwischen dem Inneren Kind und dem Innerem Erwachsenen bewusst, entwickelt sich der Kontakt zwischen Verstand und Gefühl meist in eine andere Richtung.

Für den Dialog muss der Übende zuerst die Gestalt des Kindes entwickeln und dann die Gestalt seines Verstandes. Er lernt also seine Gefühle und Gedanken besser kennen. So lernt so seine Gefühle und Gedanken besser kennen. Darüber hinaus spricht er alle Worte aus, anstatt sie nur zu denken, und gestattet jeder Figur alle zu ihr gehörenden Aktionen und Äußerungen.

Wie verläuft der Dialog in Bezug auf das gleiche Thema nun, wenn er bewusst geführt wird?

Inneres Kind

Innerer Erwachsener

Was ist denn nur los mit dir? Es gibt doch keinen Grund wegen des einen Satzes verletzt zu sein.

Das ist nicht bloß ein Satz. Das geht doch seit Jahren so. Immer diese Spitzen, da zieh ich mich zurück.

Kannst du sie denn nicht verstehen? Sie hat doch auch allerhand um die Ohren.

Und wer denkt an mich? Wie ich mich fühle, ist wohl egal?

(An diesem Punkt des Dialoges stutzt der Mann. Er denkt über seine Gefühle nach und beginnt zusprechen.) Ja, sicher sind deine Gefühle auch wichtig.

(Das Kind wendet sich dem Erwachsenen zu, da es jetzt zum *ersten Mal liebevolle Aufmerksamkeit erfährt.)* Dann sag ihr das. Sag ihr, wie ich mich fühle. Und pass auf mich auf, wenn sie wieder zustoßen will.

Gut, sprechen wir mit ihr!

Lösung: Der Mann geht auf die Frau zu, beide sprechen miteinander.

Der zweite Dialog hat eine ganz andere Richtung genommen, weil hier innere Vorgänge bewusst wurden. Die Lösung heißt „mit der Frau über die Verletzung sprechen", anstatt „tun, als ob nichts gewesen wäre". Wenn der Mann das auf eine angemessene Weise macht, wird die Frau die Gelegenheit nutzen, auch über ihre Gefühle zu sprechen, die Gefühle, die hinter den Spitzen stehen. Die Partner können sich öffnen und dem anderen Einblick in ihre Gefühlswelt geben.

Das Beispiel mag in der schriftlichen Schilderung banal erscheinen, aber momentan beraten wir ein Paar, das kurz vor der Scheidung steht und in der Trennungsberatung entdeckt hat, mehr als achtzehn Jahre lang nicht über tiefe Gefühle gesprochen zu haben.

117

Mit der Zukunft umgehen

Helden und Dämonen

Alles, was man noch nicht erreicht hat, aber noch erreichen will, alle Pläne, Ziele, Absichten, Visionen und Vorstellungen gehören in den Bereich der Zukunft.

In der Selbsterforschung betrachten wir die Zukunft als einen Bewusstseinszustand, weil man sich, wenn die Zukunft erscheint, in einem Traumzustand, in einer Art Traum, befindet. Zukunft taucht über Tagträume, Sehnsüchte, Bilder und Visionen auf.

Diese haben ihren Ursprung in den zu einer ganz konkreten Lebenssituation gehörenden Gefühlen und Gedanken. Hat jemand beispielsweise Durst, denkt er aufgrund dieses Körperempfindens über Möglichkeiten nach, an Wasser zu gelangen. Fühlt sich jemand einsam, sucht er nach Möglichkeiten, unter Menschen zu kommen. Sobald Gefühle und Gedanken sich zusammentun, werden Menschen kreativ.

Sind Gefühl und Verstand die bestimmenden Kräfte des Bewusstseinszustandes Vergangenheit, so ist Kreativität die bestimmende Kraft der Zukunft. Menschen erfinden ständig neue Möglichkeiten, Dinge aufzubauen und zu zerstören. Sie sind kreativ darin, neue Produkte zu entwickeln oder dem Nachbarn das Leben schwer zu machen. Sie sind kreativ sowohl in konstruktiver wie in destruktiver Hinsicht.

Demnach kann Kreativität die Zukunft eines Menschen aufbauen oder zerstören. Um sinnvoll mit der Zukunft zu arbeiten, ist man auf Symbolgestalten angewiesen, die die Kräfte des Aufbauens und des Zerstörens repräsentieren. Es sind dies Helden und Dämonen.

Helden und Dämonen begleiten die Menschheit seit Urzeiten in Mythen, Märchen und Sagen. Der Held bricht aus seinem Zuhause (seiner Identität) auf und sucht das Neue, das er nur in der Ferne (im Nicht–Ich) finden kann. Auf seinem Weg zum Unbekannten muss er die Schwelle passieren (die Grenze), wo der Dämon der Finsternis, der Bewahrer des Alten und Gewohnten, auf ihn wartet.

Jetzt stehen sich in der Gestalt des Helden die Lust auf ... etwas Neues und in der Gestalt des Dämonen die Angst vor ... einer Veränderung gegenüber.

Es kommt zur Auseinandersetzung, in der die positiven Qualitäten beider Gestalten in eine dritte Gestalt transformiert werden: die Gestalt des Magiers. Der Magier weiß um Sehnsüchte und Befürchtungen der beiden Gestalten und findet durch den Ausgleich dieser beiden Kräfte Wege, die Identität des Menschen zu erweitern.

Helden wollen:	**Dämonen sagen dazu:**
– einen neuen Partner finden	– Bleib zu Hause, es lohnt sich doch nicht!
– einen neuen Beruf ausüben	– Du bist zu alt dafür!
– ein lebendiges Leben führen	– Gib dich zufrieden. Das Leben ist so!
– eine große Reise machen	– Das kannst du dir nicht leisten!
– jemanden ansprechen	– Erspar dir eine Absage!
– etwas Verrücktes tun	– Du machst dich lächerlich!
– Erotik und Sexualität erleben	– Das gehört sich nicht!

Sie werden bemerken, dass Dämonen mit ihren Bedenken manchmal durchaus Recht haben können und deshalb ernst genommen werden sollten. Die wichtigste Frage im Umgang mit Helden und Dämonen lautet nicht: Wer hat recht, oder wer hat unrecht?, sondern: Wer dominiert das Leben? Der Held oder der Dämon? Die Lust oder die Angst?

Dominiert die Angst, dann kann nichts Neues entstehen. Dann sucht sich die Selbststeuerung Wege um die Abwehr herum und erzwingt eine Veränderung.

Selbsterforschung, die bewusste Arbeit mit Veränderung, ist eine Heldenaufgabe, denn sie unterstützt die Lust auf Erweiterung. Je mehr die Lust auf ... zumindest ein wenig dominiert, je größer ist die Chance, die Zukunft entstehen zu gestalten. [2]

Wie taucht die Zukunft im Alltagsleben auf, wie die Heldenfantasien? Weiter vorn haben wir erwähnt, dass die Visionen der Zukunft aus ganz konkreten Lebenssituationen entstehen. Aus diesen entwickeln sich Träume und Fantasien. Indem man diesen folgt, geht man erste Schritte in Richtung Zukunft.

Jede Vision entsteht aus der Gegenwart, soll diese verändern und kann nur wirklich werden, wenn man jetzt, in der Gegenwart, sein Handeln in diese Richtung lenkt. Bei dieser Aufgabe kann man sich an einer Heldengestalt orientieren, wie sie in der nächsten Übung entwickelt wird.

---

[2] Zur Gestaltung des Lebens als Heldenaufgabe siehe ausführlich „Lebe Deine Träume" von Michael Mary und das Arbeitsbuch „Anleitung zum Erfolg".

Die Gestalt des Helden

Wer die Gestalt des Helden entstehen lassen will, muss seinen Fantasien und Sehnsüchten Aufmerksamkeit schenken. Jeder hat solche Träume; aber für jeden bedeutet ein Held zu sein etwas anderes.

Sehnsüchte: Einmal im Leben möchte ich etwas ganz Bestimmtes erleben. Vielleicht eine große Reise machen oder eine besondere Leistung vollbringen. Oder einen ganz bestimmten Gegenstand besitzen. In wen würde mich die Erfüllung dieses Traumes verwandeln? In einen Abenteurer? In einen Sieger? In einen stolzen und selbstbewussten Menschen?

Wenn/dann Fantasien: Diese weisen ebenfalls auf unerfüllte Sehnsüchte hin: Wenn ich eine Familie habe, dann baue ich uns ein Zuhause. Wenn ich erst einmal 50.000 Euro gespart habe, dann kann ich mich sicher fühlen. Wenn ich erst einmal Karriere gemacht habe, dann lasse ich mir nichts mehr gefallen.

Tiere: Welche Tiere faszinieren mich ganz besonders? Wofür liebe ich sie? Was könnte ich erleben, wenn ich selbst so ein Tier wäre? Könnte ich kämpfen, schmusen, fliegen, spielen?

Bewunderung: In manchen Situation träumt man davon, jemand anderes zu sein. Menschen zu bewundern, macht diese zu Vorbildern und Helden, an denen man sich zu orientieren versucht. Wen bewundere ich momentan? Ist es ein Filmstar oder ein Mensch aus meinem Leben? Was kann die Person? Über welche Eigenschaften und Qualitäten verfügt sie? Was würde ich tun, wenn ich selbst über diese Fähigkeiten verfügte?

Träume: Manchmal vollbringt man in nächtlichen Träumen echte Heldentaten und wagt etwas, das man normalerweise nicht tun würde. Fragen Sie sich dann: Wer war ich in diesem Traum? Was habe ich darin Außergewöhnliches getan? In welche Realität bin ich gelangt?

Veränderte Welt: Unter Umständen Fantasiert man davon, die Welt zu verändern. Man entwirft Bilder einer Zukunft, in der man jemand anderes sein könnte. Was würde mit mir sein, wenn die Welt verändert wäre? Was könnte ich dann tun oder erleben?

Übung 39: Kontakt zum Helden aufnehmen

Ziel: In dieser Übung lasse ich eine Heldengestalt entstehen.

Anlass: Eine Situation, mit der ich unzufrieden bin, ist ein Traum, eine Sehnsucht, oder die Fantasie, jemand anderes zu sein.

Zukunft: Ich stelle mir eine positive Zukunft vor. Ich erlebe diese Zukunft so, als ob sie jetzt in diesem Augenblick bereits eingetreten wäre. Ich schildere die Umstände, die Menschen und mich und spreche die Fantasie dabei in der Gegenwartsform laut aus:
„Ich bin ... Ich tue ... Ich erlebe ..."

Abenteuer: Wenn alles so ist, was erlebe ich dann? Was genau geschieht jetzt in dieser Zukunft? Ich beschreibe alle Einzelheiten und verfolge die Entwicklung der Ereignisse.

Held: Was tue ich? Was sind meine ganz besonderen Fähigkeiten? Was kann ich?

Namen: Ich erfinde einen für diese Gestalt passenden Namen (beispielsweise „der Besonnene" oder „die Mutige").

Haltung: Ich nehme eine Körperhaltung ein, die diese besonderen Fähigkeiten ausdrückt.
– Was denke ich als dieser Held?
– Was fühle ich als dieser Held?
– Wovon bin ich überzeugt?

Auftrag: An diese Gestalt stellte ich folgende Fragen:
– Was ist dein Name?
– Was ist dein Auftrag?
– Was sollst du für mich tun?
– Wie wirst du das machen?
– Mit welchen Hindernissen musst du rechnen?
Ich notiere die auftauchenden Antworten.

Integration: Nachdem ich mich ausgeruht habe, sinne ich nach:
– Wo und wie könnte solch eine Gestalt mein Leben bereichern?
– Was würde ich mich trauen, wenn ich mehr vom Helden hätte?
– Was hindert mich daran, so zu sein?

Dämonen rufen

Um das Erscheinen von Dämonen braucht man sich keine Sorgen zu machen. Sie werden quasi automatisch gerufen – Heldentaten oder bloße Gedanken daran reichen dafür aus.

Wer etwas tut, das er sich bisher nicht traute, wird ganz von allein seiner Angst begegnen. Ist es wirklich richtig, das zu tun? Was werden die Folgen sein? Was werden die anderen Leute denken?

Wer der Lust folgt, begegnet der Angst, denn das Neue ist immer unsicher und ungewiss. In dieser Unsicherheit und der Gewöhnung an das Alte besteht die Kraft des Dämons. Oft glaubt man dem Dämonen, weil sich die eigene Lebenserfahrung mit deren Einflüsterungen deckt. Man hat es erlebt, und deshalb muss es wahr sein. Es kann diesmal nicht anders sein. Dämonen haben die Vergangenheit auf ihrer Seite. Deshalb ist es für sie ein Kinderspiel, uns zu verunsichern und Angst einzujagen.

Dämonen blockieren die positive Vorstellungskraft. „Das kann ich mir nicht vorstellen ..." – „Das ist nichts für mich" – „Das kann nicht gutgehen" – „Das kann ich nicht". So oder ähnlich äußern sich Befürchtungen, die zum Aufgeben unserer Heldenpläne führen sollen.

Wenn jemand im Griff eines Dämonen festhängt, sagt er zum Beisiel: „Am liebsten würde ich, aber etwas hält mich zurück", oder: „Eigentlich möchte ich, aber ich traue mich nicht." Also tendiert er zum Aufgeben.

Doch niemand ist seinen Ängsten völlig ausgeliefert. Die Kraft der Bewusstheit macht es möglich, Angst zu relativieren. Diesem Ziel dient das Rufen des Dämons.

Da es sich beim Thema Held/Dämon meist um ein Langzeitthema handelt, sollten Sie keine schnellen Lösungen erwarten. Lassen Sie Helden– und Dämonengestalten zu Alltagsbegleitern werden, dann wird sich auf Dauer genug Entschlossenheit sammeln, um den nächsten Schritt auf der „Reise des Helden" zu tun.

Übung 40: Den Dämon rufen

Ziel: Sich über Ängste, Hemmungen, Hindernisse klar
                      werden und die positive Absicht hinter dem Verhalten
                      erkennen.

Einwände: Ich mache mir die Bedenken, Einwände, Befürchtungen
                      und Ängste klar, die zu dem Thema auftauchen. Dabei
                      bin ich nicht „ausgeglichen" oder „vernünftig", sondern
                      als Dämon mit Haut und Haaren Verhinderer, Be-
                      denkenträger, Bremser oder Ähnliches. Ich bin
                      hemmungslos ängstlich, warnend, verschlagen, gemein
                      usw.

Gestalt: Aus den Einwänden, Ängsten etc. lasse ich eine Gestalt
                      entstehen, die in ihrer Körperhaltung all dies
                      repräsentiert.
                      – Was für eine Haltung nehme ich ein?
                      – Welche Gedanken gehören dazu? Welche Gefühle?

Dämon: Ich verwandle mich in diese Gestalt und habe Spaß und
                      Lust an ihrer destruktiven Kreativität. (Wenn der
                      Übende ein Theaterstück schreiben will, lache ich ihn
                      aus. Wenn er ein heikles Gespräch führen will, führe ich
                      Argumente dagegen ins Feld usw.)

Beschwörungen: Welche Voraussagen der folgenden Art mache ich
                      als Dämon?
                      – *Wenn du das tust, wirst du ... Pass auf, du ...! Es kann
                      nicht klappen, weil...*

Namen: Ich verkünde meinen Namen. Wie heiße ich als Dämon?

Lust: Was sind meine besonderen Fähigkeiten, Kräfte usw.
                      Was macht mir Spaß, was kann ich besonders gut?

Absicht: Als Dämon verkünde ich meine Absicht. Was will ich
                      für den Übenden tun? Was verhindern? Wozu?
                      (In jedem Fall ist diese Absicht positiv.)

Ich: Ich verwandle mich in meine normale Identität zurück
                      und schüttle den Dämonen ab.

Integration: Nachdem ich mich ausgeruht habe, sinne ich darübe
                      nach:
                      – Welche Einwände sind aufgetaucht?
                      – Welche Ängste oder Befürchtungen habe ich?
                      – Wie halte ich mich zurück?
                      – Was ist die positive Absicht des Dämonen?
                      – Was sind die tatsächlichen Auswirkungen seines
                      Verhaltens?

Der Magier

Weder der Held noch der Dämon haben für sich genommen „die Weisheit mit Löffeln gefressen". Beide repräsentieren ganz bestimmte Aspekte der menschlichen Persönlichkeit und sind demnach zwangsläufig einseitig.

Der Kampf dieser beiden Seiten, der ständig im Inneren tobt, ist im Grunde der Versuch, diese Einseitigkeit aufzuheben und zu einem erfüllteren und lebendigeren Leben zu finden. Doch solange man auf der einen oder anderen Seite festhängt oder von einer zur anderen Seite geworfen wird, wird es keine zufriedenstellende Lösung geben. Um den Kampf zu beenden, muss man die in ihm gebundene Energie befreien und nutzen.

Der Raum, in dem der innere Kampf genutzt werden kann, ist die Bewusstheit. Bewusstheit über Held und Dämon und die Integration ihrer Kräfte lässt die Gestalt des Magiers entstehen. Diese Gestalt symbolisiert aber nicht die Summe der Helden– und Dämonenfähigkeiten. Sie entsteht in einem alchemistischen, transformatorischen Prozess, in dem ihre Energien verschmelzen und sich potenzieren. Sie stellt ein neues Element dar und steht für die Kraft zu entscheiden.

Eine gute Entscheidung kann nur treffen, wer beide Seiten eines Konfliktes erkennt und berücksichtigt, das heißt, wer die Absicht des Ich und des Nicht–Ich und die Richtung der Selbststeuerung realisiert. Er wird im Sinne des ganzen Menschen entscheiden.

Übung 41: Der Magier/die Magierin erwecken – ein gelebtes Drama

Im Prinzip ist die Begegnung von Held und Dämon ein Dialog zwischen Gestalten, wie Sie ihn aus den vorigen Übungen kennen. Es sollte also relativ leichtfallen, mit Spaß in das „Drama" einzusteigen. Wichtig wie bei fast allen Dialogen ist es, das Drama nicht nur zu denken, sondern wirklich zu spielen, zu sprechen, zu erleben, mit allen Gefühlen und Gedanken.

Ziel:	Das Wirken von Lust– und Angstkräften erkennen und Möglichkeiten finden, etwas Neues im Leben entstehen zu lassen.
Zukunft:	Ich mache mir klar, was ich gerne wagen würde oder mich trauen möchte oder erreichen will. Ich lasse eine Gestalt entstehen, die all das könnte. Über welche Fähigkeiten, Kräfte und Eigenschaften verfügt diese Gestalt?

Held: Ich verwandle mich in diese Gestalt, finde meinen Namen und meine Aufgabe. Was soll ich für (mich) tun? Was habe ich auf meine Fahne geschrieben? Was ist mein Auftrag?

Schwelle: Ich mache mich in der Vorstellung auf den Weg und sehe das Land der Zukunft auftauchen. Doch bevor ich es betreten kann, taucht vor mir eine Gestalt auf, die mich am Weitergehen hindern will.

Einwände: Ich halte ein und mache mir meine Einwände, Ängste und Befürchtungen klar. Was spricht dagegen?

Dämon: Ich verwandle mich in die Gestalt, die mich am Weitergehen hindert und die meine Einwände repräsentiert.
               – Wie ist mein Name?
               – Wie halte ich den Helden auf?
               – Was sind meine Argumente und, Kräfte?

Dialog: Jetzt beginnt der Dialog der beiden Gestalten. Jede hat gute Argumente, jede hat ein Recht. Aber keine Seite kann gewinnen, da beide gleich stark sind.

Absichten: Der Dialog geht so lange, bis beide Seiten ihre Absichten klargemacht haben und diese Absichten von der anderen Seite anerkannt werden. (Ich denke daran: Kein Teil von mir will etwas Negatives für mich!)

Verhandlung: Der Held und der Dämon suchen jetzt nach Lösungen, die beiden Absichten gerecht werden. Sie verhandeln.

Transformation: Wenn ich Wege gefunden habe, beide *Absichten* zu berücksichtigen, lasse ich die Gestalten miteinander verschmelzen.

Magier: Eine neue Gestalt entsteht, die die Kräfte von Held und Dämon in sich vereint. Ich nehme die Körperhaltung dieser Gestalt ein und verkünde meine Entscheidung.

Integration: Nachdem ich mich ausgeruht habe, sinne ich nach:
               – Wie kann der Magier meinen Alltag verändern?
               – In welchen konkreten, bedeutenden oder unbedeutenden Situationen kann er mir zur Seite stehen?
               – Wann werde ich was und wie tun?

Ziele konkretisieren

Menschen tun alles Mögliche, um ihre vielen Ziele zu verwirklichen. Wer jedoch blind auf Ziele zugeht, läuft Gefahr, enttäuscht zu werden, denn er verkennt die Bedeutung seiner Zielvorstellungen für die Gegenwart.

In der folgenden Übung geht es darum, eine Zielfantasie zu entwickeln und diese dann auf das gegenwärtige Leben anzuwenden. So mag die wahre Bedeutung des Zieles deutlich werden, oder der Übende macht in der Gegenwart Schritte auf das tatsächliche Ziel zu.

Übung 42: Ziele konkretisieren

Anlaß: Ein Traum, ein Wunsch (beispielsweise nach einem Gegenstand), eine Vision.

Zukunft: Ich stelle mir vor, ich bin in einer Zukunft, in der ich mein Ziel bereits erreicht habe.
– Ich fantasiere die Zukunft so plastisch, als ob sie *jetzt gerade* geschieht.
– Ich schließe die Augen und begebe mich in diese Welt. Was ich sehe, tue und fühle, spreche ich flüsternd aus.

Ereignisse: – Was genau geschieht da?
– Welche Personen sind beteiligt?
– Wie komme ich in der Zukunft vor?
– Was erlebe ich dort? Ich koste dieses Erleben aus.

Fähigkeiten: – Wenn alles so ist, was kann ich dann?
– Was bin ich dann? (Entspannt, wichtig, stark ...?)
– Wie nenne ich diese Qualität oder Fähigkeit?

Gegenwart: Ich nehme diese Qualität oder Fähigkeit und bringe sie in meiner Fantasie in mein gegenwärtiges Leben.
– Wohin bringe ich sie?
– Was erlebe ich, wenn ich so bin?

Integration: – Worum geht es in meiner ZukunftsFantasie konkret?
– Was hat sie für meinen Alltag, meine Gegenwart zu bedeuten?
– Wie kann ich die Zukunft zumindest ein Stück schon jetzt erleben?
– Wozu entscheide ich mich?

Die Gegenwart sinnlich erfahren

Der Innerer Mann und die Innere Frau

Vergangenheit und Zukunft, die Themen der zwei letzten Abschnitte, sind Dimensionen des menschlichen Verstandes. Es gibt sie nicht „wirklich". Sie sind als Erinnerung oder Projektion vorhanden, aber nicht in der sinnlichen Erfahrung des Menschen enthalten. Beispielsweise können wir einen Freund nicht gestern oder morgen umarmen, nicht einmal heute, sondern nur jetzt.

Gegenwart ist alles, was jetzt ist. Gegenwart ist ein Bewusstseinszustand der Sinne.

Spüren, riechen, empfinden, sehen, hören, schmecken – das Sich-Aufhalten in sinnlichen Empfindungen gehört zur Gegenwart. Dabei gibt es zwei Richtungen bei diesen sinnlichen Wahrnehmungen. Man kann jemanden anfassen, dann ist man aktiv; und man kann angefasst werden, dann ist man rezeptiv.

Aktivität und Rezeptivität sind die grundlegenden Kräfte des Bewusstseinszustandes Gegenwart.

Sie werden in der Selbsterforschung durch die Symbolgestalten „Mann" und „Frau" repräsentiert. Der Innere Mann steht für die Kräfte des gerichteten Tuns, die Innere Frau für die Kräfte des Aufnehmens. Selbstverständlich sind diese Energien in jedem Menschen, und zwar unabhängig von seinem Geschlecht, vorhanden.

Mann und Frau bewegen sich auf einer Ebene rein sinnlicher Erfahrung. Ihr Verhalten ist energetisch und äußert sich im Zuwenden oder Abwenden, im Eindringen oder Aufnehmen, im Sich–Nahekommen oder Auseinandergehen, im Verschmelzen und Sich–Trennen.

Die Ebene der Gegenwart ist frei von sozialen oder persönlichen Bewertungen. Wenn ich beispielsweise die Augen schließe und mich jemand berührt, kann ich die Berührung nur spüren. Dann öffne ich mich ihr oder verschließe mich vor ihr, ganz unabhängig davon, wer mich berührt. Ich sehe denjenigen nicht, deshalb kann der Verstand kein Urteil über ihn abgeben.

Identifikation und Wertungen kommen aus dem Verstand oder Gefühl, aus der Vergangenheit oder der Fixierung an die Zukunft. Sie gehören nicht zum Bereich der Sinnlichkeit wenig Sinn. Kann man als „Ingenieur" ein Glas Wein trinken? Oder als „Lehrer"? Kann man als „Beamter" einen Kuss geben oder als „Angestellter"?

Da–Sein

Weil der Aufenthalt in der Gegenwart von Wertungen und fast allen Identifikationen befreit, ist er so heilsam und erholsam. Man befindet sich in der Gegenwart, wenn man Erotik erlebt, einen Dauerlauf macht, die Sonne auf der Haut spürt, mit dem Fallschirm springt, tanzt, massiert, eine Massage bekommt, an einer Blume riecht ...

Menschen, die sich ständig „im Kopf" aufhalten und damit vom Genuss der Gegenwart ausgeschlossen sind, beginnen zu träumen, bis die Träume eines Tages Macht über ihr Bewusstsein gewinnen und diese Menschen in ihre Welt ziehen. Sie werden süchtig oder krank. Krankheit kann als „Traum des Körpers" angesehen werden, und Sucht entspricht oft der Suche nach sinnlicher Erfahrung.

Wer wenig Zugang zur Gegenwart hat, bekommt typische Probleme. Er kann sich nicht entspannen, sich nicht spüren, nicht abschalten, sich nicht erholen, sich nicht entscheiden, verliert die Freude am Leben, wird depressiv oder distanziert sich vom Leben und erlebt es als sinnlos.

Der Mythenforscher Richard Campbell ist der Überzeugung, dass Menschen nicht nach irgendeinem Sinn des Lebens suchen. Sie suchen die Erfahrung der Lebendigkeit. Vermissen Sie diese allerdings, fragen sie, welchen Sinn das Leben hat.

Die folgenden Übungen sollen die Aufmerksamkeit für das lebensnotwendige Gegenwartserleben intensivieren.

Übung 43: Sinnliche Experimente

Hören: Konzentrieren Sie sich für einige Minuten auf das Hören. Was zieht Ihre Aufmerksamkeit an, wenn Sie ganz genau hören? Woran bleibt Ihr Ohr „hängen"? Werten Sie nicht, hören Sie nur.
Legen Sie eine Musik auf, und hören Sie ganz genau zu. Was geschieht dabei in Ihrem? Nimmt er die Musik auf oder verschließt er sich davor?
Lauschen Sie dem Gesang von Vögeln. Hören Sie die Stille zwischen den Geräuschen der Umgebung?

Schmecken: Schmecken Sie mit geschlossenen Augen eine Speise oder ein Getränk. Nimmt der Körper es auf, oder weist er dies ab?

Riechen: Riechen Sie verschiedene Düfte. Nimmt der Körper sie auf, oder lässt er sie draußen?

Spüren: Gehen Sie auf jemanden zu, und berühren Sie ihn. Wie fühlt er bzw. sie sich an?
Halten Sie den Kopf in die Sonne, und nehmen Sie die Strahlen auf. Stellen Sie sich in den Wind, und lassen Sie den Wind Ihr Haar zerzausen.

Übung 44: Innerer Mann/Innere Frau – aktive und rezeptive Kraft

Mann/Frau. Nehmen Sie Ihren Atem wahr, das Einatmen und das Ausatmen. In welcher Phase sind Sie aktiv, in welcher nehmen Sie auf? Wo tun Sie etwas, und wo geschieht etwas von allein?

Mann. Reiben Sie für eine Minute die Hände fest aneinander. Spüren Sie die Kraft der Aktivität. Jetzt sind Sie mit dem Inneren Mann verbunden. Legen Sie dann die Handballen auf Ihre Augen.

Frau. Nehmen Sie wahr, wie die Wärme in Ihre Augen eindringt, und lassen Sie sich diese Wärme aufnehmen. Jetzt sind Sie mit der Inneren Frau verbunden.

Mann. Massieren Sie mit einer Hand die andere, und konzentrieren Sie sich ganz auf die aktive Kraft des Massierens. Tun Sie alles, was der massierten Hand guttut. Jetzt sind Sie mit dem Inneren Mann verbunden.

Frau. Dann konzentrieren Sie sich auf die massierte Hand. Nehmen Sie wahr, welche Berührung dieser Hand guttut, was diese aufnehmen will. Jetzt sind Sie mit der Inneren Frau verbunden.

Partnerübungen

Partnerübungen sind dazu geeignet, die Wahrnehmung beider Seiten, der aktiven und der rezeptiven Seite, zu intensivieren. Sie helfen außerdem dabei, ein allzu starres Rollenverhalten aufzulösen, in welchem die Frau überwiegend zur rezeptiven und der Mann überwiegend zur aktiven Rolle Zugang hat.

Partnerübungen sind Übungen mit festgelegten Rollen. Zuerst ist der eine Partner A (aktiv), während der Partner andere R (rezeptiv) ist. Nach Ablauf eines Durchgangs wird getauscht. Jeder Durchgang dauert gleich lange.

Übung 45: Mein Körper will

Ziel: Direkte Wahrnehmung körperlich/sinnlicher Bedürf-
                    nisse.

A und R: Legen Sie die Rollen A (aktiv) und R (rezeptiv) und
                    einen Zeitrahmen für die Übung fest.

R   :   Spürt den Körper und seine Bedürfnisse. Was will er?
                    – Gehalten werden? Wenn ja, wie?
                    – Gestreichelt werden? Wenn ja, wie?
                    – Was sonst? Und wie?

Sprechen: R spricht die Bedürfnisse aus und sagt dabei nicht: „Ich
                    will", sondern: „Mein Körper will". Es geht nicht um
                    das Ich, sondern um den Körper.

A: A erfüllt die Berührungswünsche so gut er kann und
                    darf nachfragen, ob es so „stimmt".

Wechsel: Nach Ablauf der Zeit findet ein Rollenwechsel statt. Der
                    andere Partner ist jetzt R.

Integration: Nach der Übung sprechen wir darüber:
                    – Wie war die Rolle A und wie die wie war die Rolle R
                    für mich?
                    – Wie war unser Kontakt während der Übung?

Übung 46: Sinnliche Berührungen

Ziel:	Begegnung von Mann und Frau, Erfahrung beider Energien.
A und R:	Legen Sie fest, wer zuerst A und R ist.
Partner:	Die Partner stehen sich mit *geschlossenen Augen* gegenüber.
A:	A berührt den Partner auf eine Weise, die R annehmen kann. A darf aber nicht nachfragen, sondern muss dies spüren.
R:	R nimmt wahr, für welche Berührung er sich öffnen kann. Wenn eine Berührung unangenehm ist, darf er das nicht sagen, sondern lässt den Partner das spüren, indem er sich davor verschließt oder einige Zentimeter zurückweicht.
Sensibilität:	Für diese Übung ist Sensibilität erforderlich. Nur wer sich Zeit lässt und genau hinspürt, wird herausfinden, ob R die Berührung aufnimmt.
Wechsel:	Nach Ablauf der vereinbarten Zeit wechseln die Partner die Rollen.
Integration:	Nach der Übung sprechen Sie darüber: – Wie waren die Rollen A und R für mich? – Was ist „Typisches" zwischen uns passiert? – Was ist uns deutlicher geworden?
Ausweiten:	Diese Übung kann auch auf erotische Berührungen ausgeweitet werden.
	Unser Vorschlag hierzu: Schließen Sie direkte sexuelle Stimulation und sexuelle Aktivitäten aus und konzentrieren Sie sich auf den erotischen Kontakt. Genießen Sie die Berührung. Wenn sexuelle Erregung auftaucht, spüren Sie diese, ohne etwas damit zu machen. Nehmen Sie wahr, wie die sexuelle Erregung kommt und geht, während der erotische Kontakt bleibt.

Distanz gewinnen

Die weise Gestalt

Distanz ist ebenfalls ein Bewusstseinszustand. Man befindet sich darin, wenn man sich selbst oder andere wahrnimmt. Dann verhält man sich wie ein „Beobachter", wie ein „Außenstehender" oder an einer Situation „Unbeteiligter". In diesem Zustand wertet man nicht, ist man nicht identifiziert, sondern nimmt einfach nur wahr.

Menschen brauchen diesen Zustand, um ihr Verhalten, ihre Gefühle, unsere Gedanken und Fantasien beschreiben zu können. Dies ist nur aus einem gewissen Abstand heraus möglich. Wenn dieser Abstand verloren geht, kann man weder Gefühle noch Verhalten absichtlich verändern. Dann ist man das Gefühl oder das Verhalten und wird davon beherrscht.

Menschen, denen die Fähigkeit, „Zeuge ihrer selbst" zu sein, verlorengeht, verlieren den „Durchblick" und die Orientierung oder hängen fest, beispielsweise in Gedanken oder Gefühlen, in Fantasien oder Beziehungen. Dann kann es passieren, dass der dringend gebrauchte Zustand Distanz über den Weg der Selbststeuerung entsteht. Das folgende Beispiel soll zeigen, wie wichtig der Bewusstseinszustand Distanz ist.

Es handelt von einer Frau, die von ihrem Mann verlassen wurde und in eine große Krise geriet. Alle Versuche, durch Therapie und Selbsttherapie die aufkommenden starken panischen Gefühle aufzulösen, misslangen, weil die Frau den Mann fast täglich auf der Arbeitsstelle sah. Obwohl sie fast zusammenbrach, hielt sie am Alltag fest und wollte alles „wie bisher" managen. Da sie den Alltag nicht verließ, verließ der Alltag sie. Die Frau geriet in Distanzzustände. Sie sagte: *„Die Dinge weichen vor mir zurück."* Schließlich erkannte die Frau mit dem Rest ihrer Bewusstheit die Notwendigkeit von Abstand und ließ sich in eine psychosomatische Klinik einweisen. Hier konnte sie sich die Zeit nehmen, um eine neue Identität aufzubauen, nachdem die alte zusammengebrochen war.

Distanz ist die Voraussetzung für Bewusstheit, und damit bildet dieser Bewusstseinszustand eine wesentliche Voraussetzung für die Selbsterforschung. Je weniger Distanz zu inneren oder äußeren Vorgängen vorhanden ist, desto schwieriger wird es, mit den Dingen selbst zu arbeiten.

Selbstbeobachtung

In schwierigen Situationen fällt es oft leicht, das Verhalten anderer Menschen zu beschreiben. Man kann genau sagen, was der andere tut, nicht tut, tun sollte, aber das eigene Beteiligtsein an der Situation nimmt man nicht oder nur undeutlich wahr.

Man kann seiner Partnerin vorwerfen, sie sei „eiskalt" und bemerkt nicht, dass man bettelt oder fordert. Man kann einem Freund vorhalten, er interessiere sich nicht für einen und nicht bemerken, dass man sich nicht für ihn interessiert. Man kann „die Gesellschaft" schuldig sprechen und außer Acht lassen, dass man ein Teil von ihr ist.

In der folgenden Übung geht es darum, sich selbst und das eigene Verhalten zu sehen. Beachten Sie, dass es nicht um Wertung oder Kontrolle geht. Seien Sie lediglich Zeuge. Sie werden feststellen, dass das nicht einfach ist.

Übung 47: Sich selbst zusehen

Thema: Ich bestimme das Thema oder die Situation.

Zusehen: Ich beschreibe mich selbst in der Situation. Ich spreche von mir nicht als „Ich", sondern zum Beispiel von „Michael" oder „Henny", ganz so, als ob ich über einen anderen Menschen sprechen würde, dem ich zusehe. Dabei beachte ich folgende Punkte:

Ereignisse: – Wie fängt die Situation an?
              – Was tut er/sie in der Situation?
              – Was denkt er/sie in der Situation?
              – Was fühlt er/sie in der Situation?
              – Wovon ist er/sie überzeugt?
              – Wie verläuft die Situation?
              – Wie endet die Situation?

Integration: – Was ist mir aufgefallen?
              – Was habe ich *so* noch nicht gesehen?

Sich zuhören

So schwer es ist, *sich zu sehen,* so schwer kann es sein, *sich zu hören.* Als Beispiel hierfür dient eine Frau, die sich eine halbe Stunde lang über ihren Freund beklagte. Ihre Beschreibungen seiner Taten waren gespickt mit Vorwürfen. Es war fast unerträglich, ihr lange zuzuhören. Als wir sie aufforderten, dem Klang ihrer Stimme zuzuhören, bemerkte sie erst nach einigen Minuten das Vorwurfsvolle darin. Dann fiel ihr auf, dass sie buchstäblich keinen Satz ohne Vorwurf im Tonfall oder im Satzinhalt aussprechen konnte.

Nachdem sie in den folgenden fünfzig Minuten vergeblich versuchte, einen vorwurfsfreien Satz an ihren Partner (er war nicht anwesend) zu richten und ihr das nicht gelang, wurde sie nachdenklich. *„Ich kann"*, sagte sie, *„offenbar über meine Bedürfnisse gar nicht normal sprechen. Es muss wirklich schwer sein, das auszuhalten."*

Ein weiteres Beispiel ist eine Frau, die ihre Kollegen plötzlich und sehr scharf anschnauzte. Sie war davon so betroffen wie die Kollegen und machte eine Selbsterforschung in Bezug auf ihre Stimme. Schließlich erkannte sie: *„Da ist ein Teil in mir, der extrem verärgert ist, bissig und scharf. Den kannte ich bisher so nicht."*

Übung 48: Der eigenen Stimme zuhören

Thema: Ich spreche über ein Thema und höre mir dabei zu.
– Wie klingt meine Stimme?
– Was sagt der Klang der Stimme?
– Stimmt der Ton mit dem Inhalt der Rede überein, oder sagt er etwas anderes?

Reaktion: Wie würde ich reagieren, wenn jemand so mit mir spricht?

Integration: Was ist mir aufgefallen? Wer spricht da? Was will ich (als dieser) sonst noch sagen?

Diese Übung kann ich auch nebenbei machen, zum Beispiel wenn ich mich gerade mit jemandem unterhalte. So schule ich nach und nach meine Selbstwahrnehmung.

Selbstberatung

In emotional angespannten Situationen verliert man manchmal den Faden und vergisst, sich schon oft in ähnlichen Lagen befunden und sich irgendwie geholfen zu haben.

In der folgenden Übung geht es darum, sich selbst zu beraten. Möglicherweise kann man dabei auf Ressourcen zurückgreifen, oder man wird kreativ im Entdecken neuer Möglichkeiten.

Vielleicht hilft es auch, Abstand zu nehmen und die Identifikation mit dem Problem für eine Weile aufzulösen. Dieser Effekt ist jedem vertraut, beispielsweise wenn man Freunden Ratschläge gibt oder besser als diese erkennt, was helfen könnte.

Übung 49: Sich selbst beraten

Ziel:	Aus dem Reservoir der eigenen Fähigkeiten schöpfen.
Anlass:	Nicht weiterwissen, festhängen, Rat brauchen.
Situation:	Ich thematisiere die Situation, in der ich mich befinde.
Rat:	Wofür brauche ich Rat? Ich benenne das Thema genau.
Abstand:	Ich befasse mich mit dem Thema unter folgenden Gesichtspunkten: – Wie habe ich mir in einer ähnlichen Situation schon einmal geholfen? – Was würde ich einem Freund raten, wenn er mit diesem Thema zu mir käme?
Ratschlag:	Ich spreche zu der Person, die Rat braucht (also zu mir), und frage mich. – Was fällt mir an ihrer Situation auf? – Was habe ich ihr zu sagen?
Integration:	– Wie geht mein Normalbewusstsein mit dem Ratschlag um? – Wozu entscheide ich mich?

Wie wichtig ist das für mich?

Manchmal geht man in den Dingen unter und verliert den Überblick. Aus einem gewissen Abstand ist es dann leichter festzustellen, wie wichtig etwas tatsächlich ist, und das Handeln nach dieser Erkenntnis auszurichten.

Dabei kann man auch erkennen, dass eine Sache nicht so wichtig ist, wie sie zu sein schien – oder im Gegenteil sehr viel wichtiger.

Die folgende Übung ist nicht als „Schnellschussübung" geeignet. Sie kann aber die Beschäftigung mit einem Thema in Hinsicht auf seine Bedeutung intensivieren und so nicht nur im Moment wirken, sondern auch allmählich und auf Dauer.

Übung 50: Die Wichtigkeit erkennen

Anlass: Ein Bedürfnis.

Thema: Worum geht es? Was ganz genau ist das Thema?

Konkret: Ich konkretisiere das Thema. (Nicht „Liebe brauchen", sondern konkret z. B. „dass mir jemand zuhört" oder „dass mich jemand umarmt", „dass ich ...")
– Was ganz genau brauche ich?

Reflexion: Ich fühle und denke länger über folgende Themen nach:
– Wie ist ein Leben, in dem dieses Bedürfnis unerfüllt bleibt?
– Wie ist ein Leben, in dem dieses Bedürfnis erfüllt ist?

Wichtigkeit: – Wie wichtig erscheint mit die Erfüllung dieses Bedürfnisses?
– Welche Möglichkeiten zu seiner Erfüllung sehe ich?
– Welchen Zeitraum gebe ich mir dafür?

Integration: – Was ist mir klarer geworden?
– Wozu entscheide ich mich?

Die weise Gestalt

Symbolgestalt für den Zustand Distanz ist der oder die „Weise". Diese Figur wird in Mythen oft von alten, weißhaarigen Männern oder Frauen dargestellt. Diese alten Weisen haben die Jahre, die Ereignisse, Geburt und Tod, Siege und Niederlagen, Freuden und Leiden kommen und gehen sehen und Abstand dazu gewonnen. Sie können „sehen", „erkennen" und auch „geschehen lassen", ohne zu wertend, Partei zu nehmen oder gar einzugreifen.

Die weise Gestalt ist weder Richter noch Kontrolleur, sie ist ein Spiegel. Die folgenden Übungen dienen dazu, Kontakt zu der in jedem Menschen vorhandenen Fähigkeit der Klarheit und Weisheit aufzunehmen.

Die weise Gestalt ist der unbeteiligte, nichtpersonale Teil des Menschen, der seine Hände sowohl in die Endlichkeit als auch in die Unendlichkeit ausstrecken kann.

Die weise Gestalt existiert am Rande des Lebens, an der Schwelle zwischen Leben und Tod. Sie ist ein gleichsam der Spiegel, in dem man sich erkennen kann.

Übung 51:Kontakt zur weisen Gestalt aufnehmen

Thema: Über welches Thema möchte ich mehr Klarheit gewinnen? Ich mache mir das Thema und seine Aspekte deutlich. Welche Fragen habe ich zur Situation?

Reise: Ich schließe die Augen und mache in meiner Fantasie eine Reise. Der Weg führt mich aus meiner Alltagswelt in eine Bergwelt. Ich wandere Serpentine um Serpentine nach oben und lasse den Alltag weit hinter mir.

Tempel: Ganz oben auf einem sehr hohen Berg steht eine Art Tempel. Dort wohnt eine uralte Gestalt. Sie ist so alt wie die Zeit selbst. Ich komme dem Tempel näher und sehe die Gestalt. Wie sieht sie aus?

Weise: Wenn ich den Tempel betrete, nehme ich Platz gegenüber der weisen Gestalt. Sie schaut mich an und in mich hinein. Sie erkennt mich.

Fragen: Dann stelle ich meine Fragen und spreche diese aus.

Antworten: Um eine Antwort zu bekommen, wechsle ich die Seite und verwandle mich dabei in die weise Gestalt. Als diese betrachte ich den Übenden und antworte ihm, indem ich die Antworten ebenfalls ausspreche.

Rückkehr: Nachdem ich alle Fragen gestellt und alle Antworten erhalten habe, verwandle ich mich in meine normale Identität zurück.

Integration: – Welche Antworten habe ich bekommen?
– Wie gehe ich damit um?

Nachdem die weise Gestalt öfter aufgesucht wurde, kann der Übende versuchen, sie direkt aus sich heraus zu hören. Dazu dient die folgende Übung:

Übung 52: Die Innere Stimme wahrnehmen

Ich: In Bezug auf ein Thema suche ich das Ich.
– Wie äußert sich das Ich?
– Welche Absicht verfolgt das Ich?
– Wie verhalte ich mich?
– Was sage ich?
– Wie klingt meine Stimme?

Weise Gestalt: Dann löse ich mich vom Ich und verwandle mich in die weise Gestalt. Als diese betrachte ich den Übenden.

Stimme: Aus dieser Distanz heraus höre ich als weise Gestalt in mich hinein und warte auf die Innere Stimme. Sobald sie hörbar wird, spreche ich aus, was sie sagt.

Ich: Ich verwandle mich in mein normales Ich zurück und höre die Sätze der weisen Gestalt noch einmal.

Integration: – Was sagt diese Stimme, die nicht zum Ich gehört?
– Wie gehe ich mit ihrer Aussage um?

Meditation

Es gibt unzählige verschiedene Meditationen. Die meisten sind Versuche, durch Tun in einen meditativen Zustand zu gelangen – in einen Zustand, in dem man die Verbundenheit von allem mit allem wahrnimmt und in dem man die Begrenzungen seiner Identifikation hinter sich gelassen hat.

Die folgende Meditation hat mit Nicht–Tun zu tun. Sie bringt in intensive Verbindung mit dem Zeugen. Sie ist sehr einfach, was sie für die meisten Menschen schwierig macht. Wer sich aber strikt an die Anweisungen hält, kann eine sehr heilsame und erholsame Erfahrung machen.

Wer wahrnimmt, wie alles kommt und geht, mag zwischen dem Lärm, der in seinem Inneren herrscht, für kurze Augenblicke die Ewigkeit berühren.

Übung 53: Die Nicht–Tun–Meditation

Form: – Ich lege mich bequem hin und richte meinen Körper so aus, dass ich mich auch nach längerer Zeit nicht bewegen muss.
                – Ich stelle mir einen Wecker, der am Ende der Übung klingelt.

Nicht–Tun: Dann schließe ich die Augen und mache nichts. Ich bin einfach Zeuge aller Vorgänge:
                – Wenn ich etwas höre, höre ich es.
                – Wenn ich etwas denke, nehme ich es wahr.
                – Gefühle drücke ich nicht aus, sondern habe sie einfach.
                – Wenn mein Körper sich bewegen will, tue ich das nicht. Ich beobachte den jeweiligen Impuls und bleibe passiv. Irgendwann ist der Impuls weg. Wenn es mich juckt, kratze ich nicht. Ich beobachte das Jucken. Irgendwann ist es verschwunden.

Dauer: – Zwischen 30 Minuten und 3 Stunden.

Integration: – Was ist geschehen?
                – Bin ich für Augenblicke Teil des Ganzen gewesen?

Beziehung und Partnerschaft

Die Arbeit mit Beziehungen unterscheidet sich kaum von der Selbsterforschung. Die Partner können als Teile eines Ganzen gesehen werden, so wie man einen einzelnen Menschen als Ganzes, das aus Teilen besteht, betrachtet.

Auch in Beziehungen sind Partner mit bestimmten Dingen identifiziert und mit anderen nicht. Beispielsweise sind sie identifiziert mit der Vorstellung, wie Partnerschaft sein sollte, mit einem Bild vom Partner oder mit den Erlebnissen aus der Zeit, als die Partner sich kennenlernten und sich ineinander verliebten.

Aus einer Identifikation heraus ist es schwer festzustellen, was in der Partnerschaft tatsächlich geschieht, also welche Entwicklung unabhängig oder trotz unserer Identifikationen eintritt.

Als Beispiel dient ein Mann, der erst nach einigen Tagen in einem Partnerseminar begreift, „dass in der Beziehung vieles nicht mehr stimmt". Warum hat er das nicht früher bemerkt? Weil er mit der Vergangenheit identifiziert war, mit einer Zeit, da alles anders war, und weil es schmerzhaft gewesen wäre, die tatsächliche Veränderung wahrzunehmen und sich den anstehenden Auseinandersetzungen zu stellen.

Das Klima der Beziehung

Die folgende Übung soll dabei helfen, das tatsächliche Klima einer Beziehung zu erkennen, außerdem was die Beziehung oder die Partner brauchen und wie sie mit ihrer Beziehung umgehen wollen.

Übung 54: Das gegenwärtige Beziehungsklima

Die Übung kann ich allein machen oder mit dem Partner zusammen.

Anlass:　　　　 Ein Konflikt oder fehlende Orientierung über die Beziehung.

Beziehung:　　　 Beide Partner beschreiben ihr *Verhalten* sprachlich in der dritten Person. Sie beantworten die Fragen:
－ Was tut der Mann?
－ Was tut die Frau?
Dabei sind Erklärungen oder Rechtfertigungen nicht erlaubt. Es geht nur um das Verhalten.

Überzeugung: Wovon ist der Mann überzeugt? Wovon ist die Frau überzeugt?

Partner:　　　　 In welchem Klima leben die beiden?
－ Ich (oder beide) benennen das Klima (beispielsweise Gleichgültigkeit, Distanziertheit, Vertrautheit, Misstrauen, Kampf oder anderes)

Nicht–Wir:　　　 Was können die beiden nicht?
－ Was kommt in der Beziehung nicht oder zu wenig vor?
－ Was braucht die Beziehung (beispielsweise Zeit, Offenheit, Abstand, Nähe)?

Integration:　　　 － Wie kann der Mann der Beziehung geben, was diese braucht?
－ Wie kann die Frau der Beziehung geben, was diese braucht?
－ Was ist klar geworden, und wie will ich (wollen wir) damit umgehen?

Gemeinsame Beziehungsträume

In Beziehungen folgen Partner häufig einem Mythos. Das heißt, sie versuchen einen Traum zu leben, der seinen Ursprung in ihren Kindheitserlebnissen hat.

Wer beispielsweise in einer zerrissenen Familie groß wurde, mag von einer harmonischen Beziehung träumen. Wer als Einzelkind aufwuchs, mag den Traum haben, eine große Familie zu haben. Für jemand anderen mag unbedingte Treue zum Beziehungsmythos gehören.

Mitunter geraten der Traum des einen und die individuellen Bedürfnisse des anderen Partners aneinander. Man wirft dem Partner vor, die Beziehung (also den eigenen Traum) zu zerstören, oder fühlt sich von ihm zu einem bestimmten Verhalten gezwungen. Es kommt zu manchmal unlösbaren Konflikten.

Konflikte, die von einem unbewussten Beziehungstraum gesteuert werden, sind meist nur zu lösen, wenn der Beziehungsmythos oder Teile von ihm bewusst geworden sind.

Der Beziehungsmythos ist stärker als das Wollen. Er bestimmt das Verhalten. Gegen ihn anzukämpfen hat wenig Sinn. Er mag sich durch Bewusstwerdung jedoch verändern lassen. Die folgende Übung soll dabei helfen, den eigenen Traum und den Traum des Partners zu erkennen und miteinander zu vergleichen.

Übung 55: Den Beziehungsmythos entdecken

Traum: Ich tagträume von einer Beziehung, wie ich sie mir optimal vorstelle. Diesen Traum schreibe ich auf.

– Wie sieht diese erstrebenswerte Beziehung aus?
– Wie verhält sich der Partner darin?
– Wie verhalte ich mich darin?
– Wie leben wir zusammen?
– Welche Regeln und Abmachungen haben wir?
– Was sind die Besonderheiten dieser Beziehung?
– Wie sehen die erotischen und sexuellen Kontakte aus?
– Wie gehen wir miteinander um?

Titel: Nachdem ich den Traum aufgeschrieben habe, lese ich ihn noch mal durch. Dann suche ich einen Titel für diese Geschichte.

– Unter welcher Überschrift steht diese Geschichte? (Beispielsweise „Liebe und Freiheit" oder „Für immer zusammengehören").

Integration: Dann beantworte ich mir folgende Fragen:

– Wie berührt der Traum meine Gefühle bzw. meine Sehnsüchte?
– Wie hat dieser Traum mein konkretes Handeln in der letzten Zeit bestimmt?
– Will ich diesem Traum treu bleiben, oder sehe ich Punkte, die ich nicht verwirklichen kann?
– Will ich dem Partner meinen Traum mitteilen?

Schattenaspekte

In einer Beziehung ist der Partner oftmals Ausdrucksmedium des Nicht–Ich. Sein Verhalten konfrontiert mit Teilen und Seiten, mit denen man nicht in Kontakt sein will, beispielsweise Schmerz, Angst, Hass, Wut, Hilflosigkeit oder Einsamkeit.

In solchen Fällen versucht man oft, den anderen zu verändern, um diesen Seiten von sich nicht zu begegnen. Damit hat man das innere Problem nach außen verlagert. Man kämpft mit dem Partner, wie man mit sich selbst kämpft. Der eigene, innere Konflikt ist äußerlich geworden und in der Beziehung aufgetaucht.

Die folgende Übung gibt Gelegenheit, sich mit dem eigenen Schatten auseinanderzusetzen, statt gegen den Partner zu kämpfen und die Beziehung dadurch unnötig zu belasten.

Übung 56: Den Schatten konfrontieren

Anlass: Eine heftige emotionale Reaktion auf den Partner.

Reaktion: Ich mache mir meine Reaktion deutlich:
– Was habe ich während meiner Reaktion über den Partner gedacht?
– Was gefühlt?
– Wie habe ich mich ihm gegenüber verhalten?

Schatten: Ich lasse aus meiner Reaktion eine Gestalt entstehen:
– Welche Körperhaltung hat sie?
– Wovon ist sie überzeugt?
– Was tut sie?
– Was ist die für mich positive Absicht hinter dem Verhalten?

Abstand: Dann betrachte ich mit meinem inneren Auge diese Gestalt.
– Was habe ich ihr zu sagen?
– Wie finde ich ihr Verhalten?
– Welche Erwartungen habe ich an sie?

Integration: Nach der Übung reflektiere ich:
– Was ist mir deutlicher geworden?
– Will ich künftig so oder anderes reagieren?
– Welche anderen Möglichkeiten habe ich, die Absicht meines Schattens zur Geltung zu bringen?
– Will ich meine Erlebnisse dem Partner mitteilen?

Kommunikation

In vielen Beziehungen gehört es zu den schwierigsten Dingen, sich dem anderen mitzuteilen. Man benutzt Worte, denen jeder Partner eine andere Bedeutung gibt. So entstehen Missverständnisse und Streit.

In der folgenden Übung geht es um eine andere Art der Mitteilung. Man spricht nicht nur über das, was man denkt oder was bewusst ist, sondern bezieht auch innere Reaktionen in die Mitteilung ein. Dafür muss man sich die inneren Abläufe bewusstmachen und auch die Haltung, die man dem Partner gegenüber einnimmt.

Bei dieser Übung ist es sehr wichtig, die Regeln strikt einzuhalten. Sonst funktioniert sie nicht, und es wird ein übliches Wortgefecht daraus.

Übung 57: Die innere Reaktion mitteilen

Thema: Die Partner legen ein Thema fest, über das sie sich unterhalten wollen.

Regeln: Die Partner einigen sich auf einen maximalen Zeitrahmen. Wird dieser überschritten, kann das Gespräch zu einem anderen Zeitpunkt fortgesetzt werden.
Die Aussagen der Partner sind kurz und umfassen höchstens einige Sätze, damit der andere darauf antworten kann.

Zeit: Vor jeder Antwort *müssen* mindestens 10 Sekunden Zeit vergehen, besser 20 Sekunden!

Aussage: Ein Partner beginnt das Gespräch und macht eine Aussage.

Innen: Der Zuhörende nimmt sich Zeit, seine innere Reaktion wahrzunehmen.
– Was geschieht im Inneren? Was geschieht im Körper? Was geschieht emotional? Was denke ich? Welche Haltung nehme ich innerlich ein? Bringt es näher an den Partner oder weg von ihm?

Antwort: Der Partner antwortet und teilt zwei Dinge mit:
– die innere Reaktion (Gefühle, Körperempfindungen, Gedanken), und
– die innere Haltung, die er dem Partner gegenüber einnimmt.

Innen: Nun geht der andere Partner nach innen und nimmt seine inneren Abläufe wahr sowie seine innere Haltung.

Antwort: Dann antwortet er auf die gleiche Weise.

Dialog: So geht der Dialog weiter, bis der Zeitrahmen ausgeschöpft ist oder die Partner die Übung beenden.

Integration: Danach tauschen sich die Partner über die folgenden Fragen aus:
– Haben wir die Regeln eingehalten?
– Welchen Verlauf hat dieses Gespräch genommen. Unterscheidet er sich von anderen Gesprächen?
– Was ist deutlicher geworden?
– Wie verändert das unsere Art, uns zu sehen und miteinander umzugehen?

Vorwürfe und Individualität

Wenn einem ein Vorwurf gemacht wird, besteht die spontane Reaktion oft darin, zu leugnen oder selbst anzugreifen.

Oft aber ist ein wahrer Kern in den Vorwürfen des Partners enthalten. Wenn man ihn leugnet, wird der Vorwurf immer wieder auftauchen. Wenn man aber den wahren Kern entdeckt, kann man sich besser für oder gegen das Verhalten entscheiden oder es modifizieren.

Zum Beispiel wird ein Partner, der vom anderen als „faul" bezeichnet. Anstatt sich dagegen zu wehren und einen Streit über Faulheit im Allgemeinen und besonderen zu führen, kann der Partner entdecken, wie er faul ist oder wie er faul *sein will*. Diesen Standpunkt kann er dann vertreten.

Die Übung kann man allein oder mit dem Partner machen.

Übung 58: Vorwürfe und Individualität

Anlass: Der Partner greift mich wegen etwas an.

Zugeben: Anstatt zu leugnen, gebe ich zu:
                  – Wie, also auf welche Art und Weise der Angriff berechtigt ist, und
                  – was der Partner richtig wahrgenommen hat.

Zu sich stehen: Dann mache ich dem Partner deutlich, wie *sehr* ich tatsächlich das bin, was er mir vorwirft.
                  – Ich teile ihm meine Gefühle, Gedanken und die Motivation meines Verhaltens mit.
                  – Ich mache ihm klar, wozu ich es brauche, so zu sein.

Integration: – Wie ist es für mich, auf diese Weise zu mir zu stehen?
                  – Fühlt es sich richtig an?
                  – Will ich es zukünftig mehr oder weniger tun?

Was tun bei...

Eine Sammlung von Themen mit Übungsvorschlägen

Betrachten Sie die folgenden Themen nicht als vollständig und die darin enthaltenen Kommentare nicht als absolute Aussagen. Jedes einzelne Thema ist zu komplex, um es hier eingehend darzustellen. Unsere Kommentare beinhalten lediglich einige Aspekte des Themas, und unsere Übungsvorschläge sind als Anregungen zu verstehen, sich mit den betreffenden Themen unter dem Gesichtspunkt der Selbsterforschung auseinanderzusetzen.

Eine andere Möglichkeit besteht darin, von unseren Vorschlägen abzuweichen und beim Durchblättern der Übungen festzustellen, wo Sie „hängen bleiben". Diese Übung wird wahrscheinlich für Sie von Bedeutung sein.

Sie können die Beschäftigung mit einem Thema, das Experimentieren mit verschiedenen Übungen und die Zeiträume dazwischen als Teil des Veränderungs– und Erweiterungsvorgangs ansehen. Am Ende dieses Abschnittes sind alle hier behandelten Themen noch einmal aufgelistet.

Es anderen recht machen wollen

... ist oftmals ein Kampf um Liebe und Zuwendung. Wer es anderen recht machen will, muss nicht nur ihren Wünschen und Vorstellungen entsprechen, sondern zusätzlich Auseinandersetzungen und Konflikte vermeiden. Der Preis dieser Zuwendung, die sich aus der Nützlichkeit für andere ergibt, besteht in der Aufgabe von Individualität.

– Arbeiten Sie mit der Muss/Darf–Liste (Übung 35).
– Entdecken Sie Ihre Befürchtungen (Übung 36).
– Entdecken Sie den Zustand des Inneren Kindes (Übung 32).

Sich unterdrückt fühlen

... von anderen Menschen kann, wer sich in eine Opferrolle begeben hat. Durch den Kontakt mit dem aus unserer Sicht Stärkeren versucht man, eigene Schwächen auszugleichen. Auf einer tieferen Ebene braucht man den Unterdrücker und den Kampf gegen ihn, etwa um schließlich Stärke zu erlangen und sich zu behaupten.

– Wem geschieht es? (Übung 10).
– Werden Sie selbst ein Unterdrücker, und entdecken Sie seine Fähigkeiten (Übung 11).

Sich unter Druck setzen

... sich Menschen beispielsweise, wenn sie ein Lebensziel erreichen wollen. „Wenn ich ... dann ... und dafür muss ich ... tun". Das Lebensziel als verheißungsvolles Bild der Zukunft hat hypnotische Kraft, und seine Erfüllung verspricht oft mehr, als es halten kann. Wie weit entfernt ein Ziel auch sein mag, der Weg dorthin sollte so angenehm gestaltet sein, dass wir das Ziel auch erreichen können und nicht unterwegs die Kraft verlieren und aufgeben.

– Befassen Sie sich mit dem Inneren Erwachsenen und seinen Auswirkungen auf Ihre Gefühle (Übung 37).
– Arbeiten Sie mit der Liste der Muss/Darf–Sonden, entdecken Sie so Ihre Entspannungs– oder Vergnügungsseite (Übung 35).
– Konkretisieren Sie Ihre Lebensziele, und suchen Sie nach Möglichkeiten, jetzt schon etwas vom Ziel zu erleben (Übung 42).

Unsicherheit in Bezug auf den Selbstwert

Unter Druck setzen sich auch Menschen, die Unsicherheit in Bezug auf ihren Selbstwert empfinden. In dem Bemühen, „richtig" oder „gut" zu sein, stellen sie völlig überhöhte Anforderungen an sich. Sie können sich einfach nicht in Ruhe lassen – aus dem Gefühl heraus, dass sie bestimmten Ansprüchen nicht genügen.

– Entdecken Sie durch Sonden, was Ihnen guttut (Übung 25).
– Befassen Sie sich mit Zwängen (Übung 35).
– Nehmen Sie Kontakt mit dem Inneren Kind auf (Übung 31).
– Entdecken Sie die Überzeugungen des Inneren Erwachsenen (Übung 37).
– Entwickeln Sie eine Heldengestalt (Übung 39).

Sich depressiv fühlen

... unterscheiden wir von massiven Depressionen, die schwer mithilfe der Selbsterforschung zu bearbeiten sind, sondern professionelle Hilfe nötig machen.

Depressiv fühlen sich Menschen, wenn sie Teile ihrer Persönlichkeit ignorieren oder sich dauerhaft überfordern. Depression ist ein Zustand, den man getrost wörtlich nehmen kann. Die Menschen fühlen sich niedergeschlagen, niedergedrückt, kraftlos, lustlos. Hinter diesem Zustand verbergen sich oft tiefere Gefühle, wie beispielsweise Trauer, Wut oder Sinnlosigkeit.

–Experimentieren Sie mit Körperübungen (Übung 19).
– Finden Sie heraus, was Ihnen Lust bereitet (Übung 25).
– Entdecken Sie Impulse, und tanzen Sie diese (Übung 23).

Ärger mit anderen Menschen

... erlebt man, wenn Erwartungen enttäuscht werden. Dann sollte man sich über die Ansprüche und Erwartungen klar werden, die hinter dem Gefühl stehen.

Erlebt man bei einem bestimmten Menschen ständig wiederkehrenden Ärger, handelt es sich wahrscheinlich um eine faszinative Bindung. Das bedeutet, man hängt an einem Menschen fest, weil man die Auseinandersetzung mit ihm braucht. Er ist sozusagen ein negativ empfundenes Vorbild, und der Kontakt mit ihm bedeutet Kontakt mit Fähigkeiten, über die man bewusst nicht verfügt oder die man bewusst sogar ablehnt.

Es kann hilfreich sein, den anderen als Teil der eigenen Persönlichkeit zu sehen. Was ist so faszinierend an seinem Verhalten?

– Machen Sie die Übung mit Teilen (Übung 9).
– Entdecken Sie die Erwartungen hinter dem Ärger (Übung 34).

Resignation

Manchmal geben Menschen ein Ziel auf, weil sie erkennen, dass es „das" nicht war oder nicht wert ist. Das ist keine Resignation. Resignation bedeutet den Verzicht auf etwas, das man bräuchte, um Freude am Leben zu empfinden. Das könnte beispielsweise sein, einen Partner zu finden oder ein berufliches Ziel zu erreichen.

– Befassen Sie sich mit dem Helden (Übung 39) sowie Ihrem Dämon und dessen Überzeugungen (Übung 40).
– Machen Sie sich klar, wie sehr Sie etwas brauchen (Übung 50).
– Träumen Sie bewusst, und suchen Sie nach den ganz konkreten Schritten zum Ziel (Übung 42).
– Arbeiten Sie mit Sonden (Übung 25).

Arroganz

... ist ein Abgrenzungsversuch. Man kann andere nicht einfach sein lassen, wie sie sind, weil man sich von ihnen unbewusst bedroht fühlt. Um sein Selbstwertgefühl zu retten, wertet man die anderen ab. Somit ist Arroganz oftmals eine kompensierte Form eines Minderwertigkeitsgefühls.

– Sehen Sie den anderen als Teil von sich, und experimentieren Sie damit (Übung 9).

Schicksalsschläge

In Schicksalsschlägen zeigt sich die Begrenztheit des Willens sowie das Eingebettetsein in größere Zusammenhänge und Mächte, denen man unterworfen ist. Man kann Schicksalsschläge nichts vermeiden, man kann aber mit ihnen umgehen.

Womit kommt man durch einen Unfall, durch die Berührung mit Sterben und Tod, durch eine schwere Krankheit oder ähnliche Ereignisse in Kontakt? In wen verwandeln sie jemanden? Was hat derjenige bisher vom Leben geglaubt? Welchen Gefühlen begegnet er jetzt?

 – Befassen Sie sich mit Ihren Identifikationen (Übungen 4 und 10).
 – Entdecken Sie die Wahrnehmungsebene, auf die Sie durch das Ereignis geworfen werden (Übungen 4, 5 und 2).

Machtlosigkeit/Hilflosigkeit

... ist ein von Gefühlen bestimmter Zustand. Man glaubt einer Situation ausgeliefert zu sein und buchstäblich nichts „machen" zu können. In solchen Fällen ist der Verstand gefragt, um ein Gegengewicht zu den Gefühlen zu schaffen, die Identifikation mit ihnen aufzulösen und Alternativen zu suchen.

 – Erforschen Sie Ihre Identifikation mit Gefühlen (Übungen 31 und 32).
 – Entdecken Sie den Inneren Erwachsenen (Übung 37).
 – Führen Sie einen Dialog mit dem Inneren Kind (Übung 38).

Symptome und Krankheiten

Auch körperliche Symptome und Krankheiten können sinnvoll als Anteile der Persönlichkeit angesehen werden. Die Beschäftigung mit ihnen führt auf die Dauer entweder zu ihrer Auflösung oder zur Akzeptanz der Situation. Auf jeden Fall verändern sie den Menschen durch ihr teilweise massives Eingreifen in seine Alltagsroutine.

Vor allem, wenn Ärzte keine körperlichen Ursachen finden, ist hinter dem Symptom ein Mitteilungsversuch des Nicht–Ich zu vermuten. Symptome und Krankheiten gehören allerdings meist in die Kategorie der Langzeitprozesse. Sie werden sich intensiv und dauerhaft damit befassen müssen.

 – Experimentieren Sie mit dem Symptom als einem Teil von Ihnen (Übungen 9 und 11).
 – Wer werden Sie durch bestimmte Ereignisse (Übung 12)?
 – Welche Ihrer Bedürfnisse werden in der Situation erfüllt (Übung 33)?

Unfälle

... werden manchmal unbewusst herbeigeführt, um eine Routine zu unterbrechen und einen Stopp zu setzen. Andere Unfälle geschehen unvermeidbar und verändern die gesamte Lebenssituation.

151

– Wie ist der Unfall passiert? Womit bin ich zusammengestoßen? Welchem Teil von mir bin ich begegnet? Arbeiten Sie mit dem Unfallauslöser als wäre er Teil von Ihnen (Übung 9).
– Wer wird durch den Unfall gestoppt? Wem geschieht er (Übung 10)?
– In wen verändere ich mich? Wie wird meine Identifikation verändert (Übung 12)?

Sinnsuche

Wenn man die Sinnfrage stellt, kann man beinah sicher sein, etwas Wichtiges im Leben übergangen zu haben. Oft sind das sinnliche Dinge, wie Berührungen, Sexualität, Freude, die Erfahrung, aus dem Kopf kommen oder andere Belange, die durch eine eingeschränkte und einseitige Art zu leben, zu kurz kommen – weil man ständig „Wichtigeres" zu tun hat.

– Träumen Sie von einem sinnvollen Leben und entdecken Sie den Kern des Traumes (Übung 42).
– Untersuchen Sie die Wahrnehmungsebene, auf der Sie den Zustand der Sinnlosigkeit erleben (Übungen 4 und 5).
– Nehmen Sie Kontakt mit dem Helden auf (Übung 39).
– Beraten Sie sich selbst (Übung 49).
– Befassen Sie sich mit der Muss/Darf–Liste, und entdecken Sie Zwänge und Bedürfnisse (Übung 35).

Berufsfindung

Den richtigen Beruf zu finden, ist eine Helden–Langzeitaufgabe.
– Konkretisieren Sie Ihre Ziele (Übung 42).
– Wie wichtig ist es Ihnen damit (Übung 50)?
– Nehmen Sie Kontakt mit dem Helden auf (Übung 39).
– Entdecken Sie den Dämon, der sie hindert (Übung 40).
– Lassen Sie den Magier entstehen (Übung 41).

Starke Gefühle

... entstehen auf verschiedene Weise, durch Lebenskrisen oder durch ein über lange Zeiträume vom Verstand dominiertes Leben. Wann immer sie auftauchen, suchen sie nach Möglichkeiten, „gelebt" zu werden, und zwar in einem Rahmen, in dem sie sich möglichst ausdrücken können. In der Selbsterforschung bezeichnen wir das Auftauchen starker Gefühle als das Erscheinen des „Inneren Kindes".
– Nehmen Sie Kontakt mit dem Inneren Kind auf (Übung 31).
– Bewegen Sie sich entsprechend Ihrer Gefühle (Übung 22).
– Erleben Sie Gefühle auf anderen Wahrnehmungsebenen (Übungen 24).

Krisensituationen

... fordern von einem oder helfen ihm dabei, „ein anderer zu werden", indem sie auf schmerzhafte Weise Lebensmuster und Identifikationen aufbrechen. Um unter veränderten Umständen im Leben zurechtzukommen und sich in einer erweiterten Identität wieder zu fangen, muss meist ein umfangreicher Veränderungsprozess durchlaufen werden. Dazu gehören der Umgang mit Gefühlen, Denkarten, Körpersymptomen und Bewusstheit.

– Arbeiten Sie mit den Grundlagenübungen (1 bis 25).
– Welcher Teil von Ihnen braucht die Veränderung (Übung 10)?
– In wen verwandeln Sie sich (Übung 12)?
– Auf welche ungewohnte Wahrnehmungsebene werden Sie geworfen (Übung 5)?

Suizidgedanken

Wir beziehen uns hier nicht auf Suizidabsichten, sondern auf entfernt auftauchende Gedanken an Suizid, die von der Gewissheit begleitet sind, sie nicht auszuführen. Menschen mit ernsthaften Suizidabsichten bedürfen auf jeden Fall professioneller Unterstützung.

Zu Suizidgedanken gehört oft eine Menge Aggression, die dabei als solche nicht wahrgenommen wird und sich deshalb unbewusst gegen einen selbst richtet. Der Mensch erträgt irgendetwas nicht mehr, fühlt sich als Opfer der Situation und sucht ihr zu entkommen. Das eigentliche Ziel der Suizidfantasie ist zumeist innerer Friede oder Abstand von einer Situation.

– Sehen Sie den Tod als ein Ziel an, und finden Sie den Kern dieser Fantasie (Übung 42).
– Nehmen Sie Abstand von einer Situation (Übung 47).
– Entdecken Sie die Zwänge, unter denen Sie stehen (Übung 36).
– Entwickeln Sie eine Heldengestalt (Übung 39).

Einsamkeit

Das Gefühl der Einsamkeit ist eine Erscheinungsform des Inneren Kindes. Etwas sehr Wichtiges, etwas gefühlsmäßig Wichtiges ist aus dem Leben des Menschen ausgeschlossen: Nähe, Kontakt, Vertrautheit. Der einsame Mensch erlaubt sich nicht, solche Bedürfnisse zu haben, oder er glaubt nicht daran, sie befriedigen zu können.

– Wer fühlt sich einsam? Wem passiert es (Übung 10)?
– Entdecken Sie ihre Gedanken (Übung 37).
– Befassen Sie sich mit dem Inneren Kind (Übungen 31 und 32).
– Nehmen Sie Kontakt zum Helden auf (Übung 39).

Frustration und Lustlosigkeit

... erleben Menschen, die sich zu etwas zwingen, das ihnen ge-fühlsmäßig nicht entspricht. Permanent werden Lebensimpulse frustriert, weil sie nicht in einen vorgefassten und oft unbewussten Lebensentwurf passen. Ist diese Haltung erst einmal automatisiert, merkt derjenige nicht, wie er sich ständig selbst sabotiert.

– Arbeiten Sie mit der Muss/Darf–Liste (Übung 35).
– Experimentieren Sie mit der Wahrnehmungsebene Gegenwart (Übungen 43 und 44).
– Nehmen Sie Abstand, und erkennen Sie Ihr Verhalten (Übungen 47 und 48).

Minderwertigkeitsgefühle

... erleben Menschen entweder direkt oder kompensiert. Bei direktem Erleben haben sie Überzeugungen übernommen, die andere von ihnen hatten. Bei kompensierten Minderwertigkeitsgefühlen versuchen sie, diese mit Gehabe und Rechthaberei zu übertönen.

– Entdecken Sie den Inneren Erwachsenen (Übung 37).
– Nehmen Sie Kontakt mit dem Inneren Kind auf (Übung 31).
– Erleben Sie die Gegenwart (Übungen 43 und 45).
– Machen Sie Sonden (Übung 25).

Schuldgefühle

... wollen Verbundenheit mit Menschen sichern. Man fühlt sich schuldig, weil man etwas getan hat, das andere missbilligen, das sie verletzt und das der Beziehung schadet. Das Schuldgefühl will einen „zurückpfeifen" und damit die Zuwendung der anderen erhalten. Dies kann sich positiv auswirken, beispielsweise wenn man zu weit gegangen ist. Negativ wirken sich Schuldgefühle aus, wenn sie dazu führen, die Individualität preiszugeben.

– Wem geschehen diese Gefühle (Übung 10)?
– Welche Vorwürfe sind wahr, wie stehe ich dazu (Übung 58)?

Angst und Panik

... sind Zustände, die viele Bedeutungen haben können. Oft stehen frühe und gänzlich unbewusste Erlebnisse dahinter, beispielsweise wenn man grundlos eifersüchtig wird oder irgendein Erlebnis diese Gefühle auslöst.
  – Erforschen Sie die Wahrnehmung ganz genau (Übung 2).
  – Nehmen Sie Kontakt zum Inneren Kind auf (Übung 31).
  – Nehmen Sie Ihre Gedanken wahr (Übung 37).
  – Führen Sie einen Dialog (Übung 38).
  – Wechseln Sie die Wahrnehmungsebene (Übung 24).
  – Experimentieren Sie mit Bewegungen (Übungen 21 und 22).

Die Liste der Übungen und Themen ließe sich fast endlos fortführen. Wir wollen es mit den insgesamt 58 Übungen dieses Buches bewenden lassen und uns noch dem Grenzbereich zwischen Therapie und Selbsterforschung widmen – und als wichtigstem Aspekt der Selbsterforschung, dem wahren Abenteuer des Lebens: dem Alltag.

Selbsterforschung und Therapie

Es ist uns durchaus bewusst, dass Selbsterforschung nicht in jedem Fall oder in jeder Situation ausreichend sein wird. In bestimmten Fällen wird man auf professionelle Hilfe angewiesen sein. Unsere Erfahrung hat aber gezeigt, dass praktizierende Selbsterforscher mit den Autoritäten „Psychologe" bzw. „Psychotherapeut" durchaus kritisch umgehen können. Wir wollen das hier unterstützen.

In Bezug auf Therapie unterscheiden wir zwei Formen professioneller Helfer. Zum einen die Experten und zum anderen die Begleiter. Wir definieren den *Experten* als den Teil im Rollenspiel Therapie, der Verantwortung beispielsweise für das Leben, den Zustand oder eine Entscheidung des Klienten übernimmt. Ihm gegenüber steht der Therapeut als *Begleiter,* der keine unmittelbare Verantwortung übernimmt, sondern mit seinem Wissen, seinem Können und seiner vorurteilsfreie Haltung zur Verfügung steht.

Experten

Der Therapeut als Experte ist auf jeden Fall notwendig, wenn ein Mensch die Fähigkeit der Metabewusstheit für kurze oder längere Zeit verliert. Dann kann er „sich nicht sehen", „sich nicht zuhören", sich nicht aus einer Distanz heraus wahrnehmen und deshalb auch nicht in das Geschehen eingreifen. Er ist das Geschehen selbst geworden und ihm ausgeliefert.

Ein solcher kurzzeitiger Verlust der Metafähigkeiten kann durch Lebenskrisen, Verlust eines geliebten Menschen, Verlust der Existenzgrundlage, extreme Ereignisse wie Verbrechen, Krieg, Unfälle usw. eintreten. Bei langfristigem oder dauerndem Verlust der Metafähigkeit können Menschen ihren Alltag nicht bewältigen und nicht für sich verantwortlich sein. In diesen Fällen kann es den Menschen helfen, wenn ein Experte sie „an die Hand nimmt" und Verantwortung für sie übernimmt.

Manche Therapeuten wollen das auch dann tun, wenn Menschen gut Verantwortung für sich selbst übernehmen können. Gerät man an solch einen Therapeuten, ist er der Meinung, „Bescheid zu wissen", was mit einem los ist. Er deutet Träume und Fantasien, erklärt Gefühle, gibt Ratschläge oder sogar Anweisungen, mischt sich in das Leben ein und erwartet, dass man auf ihn hört und sich nach ihm richtet. Er weiß, und der Klient soll folgen. Tut der das nicht, hat er unter Umständen einen „Widerstand", der „bearbeitet werden" muss.

Solche Negativexperten wollen Anpassung und Erfüllung ihrer Erwartungen erreichen. Sie manipulieren offen oder versteckt, belohnen mit Zustimmung für erwünschtes Verhalten, strafen mit Nichtachtung oder Wertung alles, was sie als falsch ansehen. Das können sie aus bester Absicht und in der Überzeugung, für das Wohl des Klienten zu handeln, tun – einfach und allein deshalb, weil ihnen die Distanz zu sich selbst fehlt und sie sich für Experten halten.

Hinzu kommt, dass nicht wenige Klienten solche Therapeuten suchen, die ihre Probleme lösen oder Handlungsanweisungen geben. „Du bist doch Psychologe – sag mir, was ich tun soll!". Ein Therapeut, der sich auf solch eine Verflechtung einlässt, wird nicht selten für die Folgen seiner Ratschläge verantwortlich gemacht.

Im Folgenden wollen wir einige Beispiele negativen Expertentums zeigen, um all denjenigen Mut zu machen, die auf psychologische Weise missbraucht werden und Unterstützung dabei brauchen, den eigenen Erfahrungen mehr zu vertrauen als so genannten Experten.

Wertungen: Du bist ...!

Nicht hilfreich erwies sich die Bemerkung eines Psychoanalytikers am Ende eines Vorgespräches, der Klient sei „schwer neurotisch und lebensunfähig". Obwohl sich der Klient bisher nicht so gesehen hatte, zweifelte er nach diesem Urteil an sich und vergaß, dass er sein Leben bisher sehr wohl bewältigen konnte und quälte sich mit Fragen: „Bin ich krank? Muss ich in eine Klinik? Ist mir noch zu helfen? Ist alles falsch, was ich mache?"

Wertungen dieser Art sind fast niemals hilfreich, denn meist vergessen die Experten, sie als persönliche Wertungen zu kennzeichnen. Hätte der Analytiker gesagt, „Ich persönlich halte Sie für ... „ oder „Meiner Meinung nach sind Sie ...", hätte der Klient die Bemerkung leichter beiseite schieben können.

Aussagen wie „Sie sind ..." oder „Du bist ..." sind absolut und klingen als „die Wahrheit". Solche Wertungen können verletzen oder auch schaden, nützen werden sie selten, und deshalb sollten sie zurückgewiesen werden.

Voraussagen: Erst wenn ..., dann ...

Voraussagen finden wir in fast allen therapeutischen Richtungen. Der Analytiker mag davon überzeugt sein, der Klient werde erst dann gesund, wenn die Kindheit komplett bearbeitet, der Klient durchanalysiert und alle Übertragungen aufgehoben sind. Der Körpertherapeut dagegen mag von der Heilkraft intensiver Gefühle überzeugt sein. Erst wenn ... die Eltern symbolisch getötet, die Geburt erlebt, alle so genannten Blockaden durchbrochen sind, die „Primärpersönlichkeit" wiederhergestellt, der „Charakterpanzer" aufgelöst, der „wahre Mensch" hervorgetreten ist, sieht er das Therapie als erreicht an.

Von einer Klientin wurde in einer fortlaufenden Körpertherapiegruppe erwartet, „die Mutter zu überwinden", erst dann könne sie „weiterkommen". Da alle anderen Teilnehmer den unausgesprochenen Normen dieser Gruppe genügten, wurde die Frau zur Außenseiterin und demzufolge angegriffen und bewertet. Sie sei „zu kontrolliert", „zu gepanzert". Durch diesen Umgang mit ihr verringerte sich ihr Selbstwertgefühl noch weiter.

Voraussagen geschehen immer aus der Perspektive des Therapeuten; und diese ist nie umfassend, da er den Klienten nur im Zusammenhang der Therapie kennt und darüber hinaus immer durch seine eigene Brille schaut. Man sollte Voraussagen als Einmischung ablehnen.

Du musst ..., du darfst nicht ...

Manche Therapeuten scheuen sich nicht, ihren Klienten konkrete Handlungsanweisungen für den Alltag zu geben.

Der extremste Fall, der uns begegnet ist, war ein Therapeut, der seinem Klienten sagte, er müsse dessen Familie verlassen, wenn er nicht lebensbedrohlich erkranken wolle. Weniger extrem, aber ebenso schädlich sind Anweisungen wie „Sie müssen endlich mit Ihrer Frau sprechen", „Jetzt müssen Sie sich einen anderen Beruf suchen" oder „Sie sollten endlich aufhören, sich zu beklagen".

Wenn der Klient dem Therapeuten nicht den Gefallen tut, auf seine Anweisungen zu hören, wird der unter Umständen ärgerlich oder enttäuscht und bricht manchmal eine Behandlung ab. In solchen Fällen sollte man jedoch nicht an sich zweifeln, sondern sich einen kompetenteren Therapeuten suchen.

Diagnose, Kategorisierung und starre Behandlungskonzepte, also die Methoden erklärter Experten, werden der Vielfalt individuellen menschlichen Daseins selten gerecht – und selbst wenn sie „wahr" oder „richtig" sind, führen oft sie zur Fixierung auf den Experten und nicht zur Entwicklung von Selbstverantwortung und Selbstvertrauen.

Diese Bemerkungen zum Expertentum sind uns ein besonderes Anliegen. Nicht um einzelne *Therapierichtungen* in Misskredit zu bringen, sondern um den Klienten Mut zu machen, für sie nicht hilfreiche *Therapeuten* zu verlassen.

Es gibt unserer Meinung nach im therapeutischen Bereich – ähnlich wie im ärztlichen Bereich – zu wenig kritische Klienten. Die Kritikbereitschaft ihrer Klienten brauchen jedoch nicht nur Ärzte, sondern auch Therapeuten jeder Richtung. Das würde ihnen manchmal helfen, den Weg vom Experten zum Begleiter zu gehen.

Begleiter

Im Management entdeckte man in den Sechzigerjahren durch Zufall sich „selbst steuernde Gruppen". Einem Topmanager war aufgefallen, dass die Arbeit in einem großen Werk vor allem am Wochenende sehr gut lief. Am Wochenende waren die Vorgesetzten, die „Experten" nicht anwesend, und ohne deren „Führung" entwickelten die Arbeiter eigene Lösungen und verwirklichten diese.

Inzwischen wurde dieser Ansatz sich selbst steuernder Gruppen weiterentwickelt. Wenn die Mitarbeiter einen Experten brauchen, lassen sie ihn kommen und sich beraten, aber sie bestimmen selbst, welche Hilfe sie annehmen und welche sie ablehnen. Sie sind verantwortlich, und der Experte wird zum Begleiter von Entwicklungs– und Veränderungsprozessen.

Den Gedanken und Haltungen der Selbststeuerung am nächsten ist ein Therapeut, der sich als solch ein Begleiter sieht. Ein begleitender Therapeut nimmt eine freundschaftliche Haltung ein, ist aufmerksam, macht Vorschläge, ermutigt, nimmt Anteil, experimentiert und *sucht gemeinsam mit dem Klienten nach Lösungen*. Er gibt nicht vor, zu „wissen". Er kennt das Unbewusste des Klienten nicht.

Er mag sagen: „Ich kenne den Weg nicht, aber ich komme mit in den Wald, weil ich schon mal in einem ähnlichen Wald war" – und gemeinsam versuchen der Klient und sein Begleiter dann, Aufmerksamkeit in das unbeleuchtete Feld des Nicht–Ich zu bringen. Manchmal reist es sich mit Begleitung leichter.

Zum Therapeuten als Begleiter haben wir in unserem Buch „Change – Lust auf Veränderung" ausführlicher. Nur so viel wollen wir noch sagen: Wer zu einem Therapeuten geht, sollte Respekt, Offenheit und Anteilnahme erwarten können und dies nicht nur, weil er Brötchengeber des Therapeuten ist, sondern vor allem, weil diese Haltungen helfen, innere Spaltungen zu überbrücken und zu heilen.

Die Magie des Alltags

Zum Abschluss dieses Buches wollen wir uns noch mit den Möglichkeiten und Grenzen von Therapie befassen und mit dem Verhältnis von Therapie und Alltag. Es besteht ein grundsätzlicher Unterschied zwischen Therapie und Leben.

Für das Funktionieren einer Therapie genügt es, die Bewusstseinsschwelle zu überschreiten und eine erweiterte Körper–, Gefühls–, Verstandes– oder Beziehungsbewusstheit zu erlangen. Soll sich aber das Leben eines Menschen verändern, genügt das nicht. Dann muss zusätzlich noch die Alltagsschwelle überschritten werden.

Die Bewusstseinsschwelle

Menschen verlassen eine bestimmte Alltagssituation, unter der sie leiden, und hoffen in Therapie und Selbsterfahrung Anregungen oder Lösungen zu finden. Sie verlassen damit gleichzeitig ihr Alltagsbewusstsein und suchen eine Bewusstseinserweiterung, die sie im Alltag nicht finden können. Sonst hätten sie ja kein Problem und brauchten keine Therapie.

Zum Zweck der Bewusstseinserweiterung haben Therapeuten eine Vielzahl von Techniken und Methoden entwickelt. Einige sind auf Einzelsitzungen, andere auf Gruppensituationen ausgerichtet, aber alle arbeiten mit außergewöhnlichen Bewusstseinszuständen, wenn auch auf unterschiedliche Weise und mit unterschiedlicher Intensität.

Manche Methoden unterscheiden sich nicht sehr vom Alltäglichen. Durch Gespräche, den Austausch von Meinungen, Malen von Bildern etc. wird versucht, behutsam und langsam vorzugehen. Für bestimmte Menschen ist das genau richtig, aber vielen geschieht hier zu wenig.

Andere extreme Methoden wie beispielsweise Tiefenatmung, Encounter, Primärtherapie, Vegetotherapie, viele Formen der Körperarbeit, emotionale Arbeit, Schlafentzug etc. auf zum Teil drastische Weise den Bewusstseinszustand des Menschen und lassen ihn etwas erleben, das er bisher nicht erlebt hat.

Glück, tiefe Entspannung, Freiheit, Einsichten, Verbundenheit und vieles mehr werden durch diese Techniken plötzlich für Augenblicke möglich. Wir nennen solche Erlebnisse (die übrigens auch ohne Einsatz massiver Techniken geschehen können) „auf den Aussichtsturm fliegen". Dort obern ist es toll. Alles ist klar. Das Herz geht auf. Liebe geschieht. Offenheit ist da. Der Schmerz hat sich aufgelöst. Es gibt keine Probleme.

Aber dann ... muss man den Aussichtsturm wieder verlassen und auf den Boden zurückkehren. Von hier unten sieht alles weniger spektakulär aus. Hier ist alles wieder normal. Wo sind die tollen Zustände? Wo ist das Ziel, das gerade noch zum Greifen nahe war? Ich muss etwas falsch gemacht haben. Etwas habe ich nicht verstanden – also muss ich noch mal tief atmen, die tantrische Übung machen, 100 Mal aufs Kissen hauen, ein neues Seminar besuchen.

Manche Teilnehmer von Gruppen und Seminaren, die auf das Erleben außergewöhnlicher Bewusstseinszustände ausgerichtet sind, haben das Gefühl, in zwei Welten zu leben, der Gruppenwelt und der Alltagswelt, und sie bekommen diese Welten nicht zusammen. Wir selbst haben im Laufe unserer Körpertherapieausbildungen viele spektakuläre Erfahrungen mit Atem, Geburt und außergewöhnlichen Bewusstseinszuständen gemacht. Aber was haben diese Erfahrungen für unser Leben wirklich bedeutet? Was davon hat sich in unser Leben übertragen? Weniger, als wir anfangs glaubten.

Kein Therapeut sollte seinen Klienten weismachen, das Außergewöhnliche wäre das wirkliche oder wahre Leben und sie könnten, wenn sie nur wollten, solche Bewusstseinszustände dauernd erleben. Das Außergewöhnliche wird alltäglich, wenn es wiederholt wird. Dann verliert es seinen Zauber, und die Suche nach einer neuen Gruppe, nach einer besseren Technik, nach anderen Methoden geht weiter.

Der Fehler besteht darin, dass die Technik „es" zwar tut, man sie aber nicht mit über die Alltagsschwelle nehmen kann. Soll ich bei Ärger immer 100 Mal ins Kissen hauen? Soll ich jedes Mal Tiefenatmung machen, um mich wohlzufühlen? Soll ich meine Wut auf den Chef tatsächlich „rauslassen"?

Das kann so nicht funktionieren. Klienten können und sollten die Möglichkeiten von Einzelsitzungen und Gruppen nutzen. Dort ist es leichter, über Grenzen zu gehen, auf Menschen zuzugehen, Liebe oder Wut, Angst oder Hass, Verzweiflung oder Hoffnung auszudrücken. Ja, oft braucht man die besondere Situation der Therapie, der Sitzungen und Seminare, um die Bewusstseinsschwelle zu überschreiten. Aber man sollte sich auch klar darüber sein, dass *das nicht* das Leben ist, sondern lediglich ein Übungsraum.

Die *wirklichen* Dinge geschehen im normalen Leben, nicht in Therapie. Warum? Weil ein starker Auslöser gebraucht wird, stark genug beispielsweise, um existenzielle Themen hervorzuholen. Im Leben stirbt beispielsweise der Partner, man ist urplötzlich allein und gerät in eine tiefe Krise. Seminare und Therapie können solche Auslöser nicht liefern.

Die Alltagsschwelle

Therapie kann allerdings, wie das folgende Beispiel zeigt, Menschen dabei unterstützen, die Alltagsschwelle zu überschreiten.

Eine etwa 40-jährige Frau bekam durch die Therapie einen besseren Zugang zu ihren Gefühlen, speziell zu ihren weichen Seiten. Als dann ihr Vater im Sterben lag, sagte sie den geplanten Urlaub ab und begleitete den alten Mann durch seine letzten zwei Lebenswochen. Diese Sterbebegleitung wurde zu einer ganz besonderen Erfahrung, in der sie sich auch mit dem Vater versöhnte.

„Früher", sagte sie, *„ wäre ich eiskalt in Urlaub gefahren, aber jetzt habe ich es nicht übers Herz gebracht, und ich bin dankbar dafür."* Was hat sich geändert? Die Haltung! Das ist in der Therapie geschehen, aber realisiert hat es sich im Alltag; und so sollte es auch sein.

Was man in Therapie und Selbsterforschung wirklich tun kann, ist die Entwicklungen des Lebens zu unterstützen. Und das ist schon eine ganze Menge. In der besonderen Therapiesituation wird nicht das Leben verändert, sondern die Art und Weise, es zu erleben, zu sehen und wahrzunehmen. Dann geht der Klient mit veränderter Haltung in sein Leben, das daraufhin ein verändertes Leben ist.

Je näher die in der Therapie benütze Technik sich dabei an den natürlichen Selbststeuerungskräften des Menschen orientiert, desto leichter kann die Alltagsschwelle überschritten werden.

Auf sie trifft man, sobald man die Bewusstseinsschwelle überschritten hat und die Zusammenhänge der Situation kennt und Alternativen erfahren hat. Die Alltagsschwelle ist das wahre Abenteuer.

Der Alltag hält alles bereit, was unser Leben spannend macht. Geburt und Tod, Liebe, Trauer und Schmerz, Unvorhersehbares, Abenteuer und Bewährungsproben. Er ist es wert, ihm die ganze Kraft und Aufmerksamkeit widmen, statt dauerhaft in therapeutische Scheinwelten zu fliehen.

Selbsterforschung lernen

Es war immer unser eigenes, ganz persönliches Interesse, der eigene Therapeut zu werden. Durch unseren Beruf haben wir im Laufe der Jahre unserem Werkzeugkasten eine Reihe effektiver Werkzeuge und Hilfsmittel aus dem großen Angebot der Therapien hinzugefügt. Viele dieser Methoden eignen sich zur Selbsterforschung und sind in diesem Buch beschrieben.

Am Anfang dieser Entwicklung waren wir von der Möglichkeit begeistert, jeder könne auf relativ einfache Weise den eigenen

Therapeuten realisieren. Im Laufe der Jahre haben wir jedoch begriffen, dass auch Selbsterforschung ein gewisses Training und eine gewisse Übung nötig sind.

Wie lange Menschen brauchen, um Selbsterforschung zu lernen, das ist individuell sehr verschieden. Es hängt davon ab, welche Fähigkeiten jemand mitbringt und wie weit er seine persönlichen Ziele gesteckt hat.

Manchen mögen die Anregungen in diesem Buch genügen. Andere suchen eine Begleitung durch Seminare und Gruppen. [3]

Selbsterforschung will Menschen dabei unterstützen, in Übereinstimmung mit dem Leben zu gelangen und ihr Leben auf ihre Weise zu leben. Das kann sie, indem sie hilft:

- mit Problemen so umzugehen, dass die in ihnen enthaltenen Lösungen zum Tragen kommen,
- Gefühle anzunehmen, zu erfahren und angemessen auszudrücken,
- Gedanken und Überzeugungen zu überprüfen und gegebenenfalls zu erweitern,
- Beziehungen befriedigend zu gestalten,
- mit der Vergangenheit und der Zukunft umzugehen und
- ganz allgemein die Bewusstheit über sich, das Leben und die Welt auszuweiten.

Das sind die Anliegen dieses Buches, mit dem wir hoffen, Anregungen zu geben und Menschen mit dem zu helfen, was uns geholfen hat und täglich hilft.

[3] Seminare mit Michael Mary finden Sie unter www.michaelmary.de

Die Autoren

Michael Mary hat sich auf Partner– und Einzelberatung sowie Seminare und Fortbildungen spezialisiert. Er arbeitet in Hamburg und Schadeland und ist Autor von 20 Büchern.

Henny Nordholt ist Psychologische Psychotherapeutin und bietet vorwiegend Einzeltherapie in ihrer Hamburger Praxis an. Sie ist Autorin von drei Büchern.

Lebt die Liebe, die ihr habt; Rowohlt–Verlag

Werte im Schafspelz; Lübbe–Verlag (Taschenbuch)

Erlebte Beratung mit Paaren; Klett–Cotta–Verlag

Anleitung zur Selbstliebe – sein Lebensbuch gestalten; Nordholt–Verlag

Und sie verstehen sich doch; Lübbe–Verlag

Das Leben lässt fragen, wo du bleibst; Lübbe–Verlag (Taschenbuch)

Mythos Liebe; Lübbe–Verlag (Taschenbuch)

Die Glückslüge; Lübbe–Verlag (Taschenbuch)

5 Wege, die Liebe zu leben; Hoffmann & Campe, Lübbe–Verlag (Taschenbuch)

5 Lügen, die Liebe betreffend; Nordholt-Verlag

Sexlies; Nordholt–Verlag, englische Übersetzung von „5 Lügen ..."

Change – Lust auf Veränderung; Lübbe–Verlag (Taschenbuch)

Lebe Deine Träume; Lübbe–Verlag (Taschenbuch)

Begegnungen mit dem Inneren Kind; Nordholt–Verlag

Wie Männer und Frauen die Liebe erleben; Nordholt–Verlag

Selbsterforschung; Nordholt–Verlag

Informationen zu den Büchern und zu Beratungsangeboten finden Sie unter: michaelmary.de, nordholt.de und nordholtverlag.de

Bücher mit portofreier Lieferung können Sie bestellen unter www.nordholt.de/shop